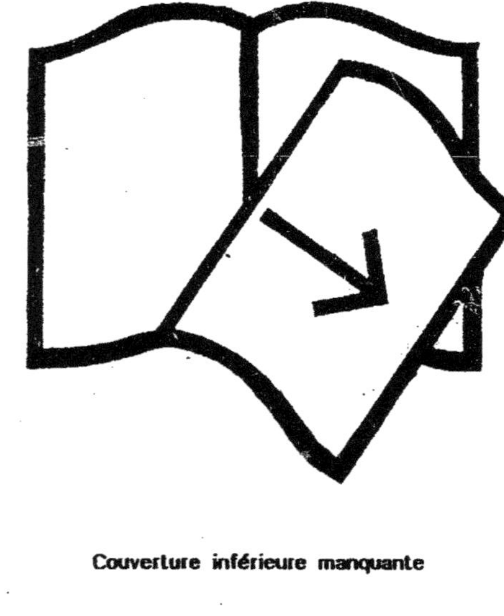

Couverture inférieure manquante

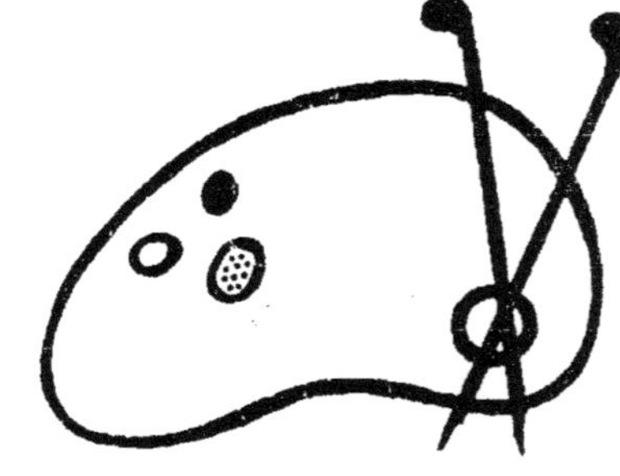

Original en couleur

NF Z 43-120-8

LES

JUIFS EN DAUPHINÉ

AUX XIVe ET XVe SIÈCLES

PAR

A. PRUDHOMME

ARCHIVISTE DE L'ISÈRE

GRENOBLE

IMPRIMERIE GABRIEL DUPONT

Rue des Prêtres, 4

—

1883

EXTRAIT DU BULLETIN DE L'ACADÉMIE DELPHINALE

Séance du 10 février 1882

Tiré à 100 exemplaires numérotés :

80 sur papier ordinaire ;
20 — hollande.

N°

586. — Grenoble, impr. G. DUPONT, rue des Prêtres, 4.

LES JUIFS EN DAUPHINÉ

AUX XIVe ET XVe SIÈCLES

Durant toute la période connue sous le nom de moyen âge, les juifs ne furent tolérés par les autorités civiles et ecclésiastiques que parce qu'ils représentaient une source intarissable de revenus ; de temps à autre, lorsque les besoins du Trésor l'exigeaient, on les mettait à rançon : le vertueux saint Louis lui-même, ne put se soustraire aux préjugés de son temps et sa conscience, ordinairement si délicate, ne se sentit pas alarmée en ordonnant la spoliation de ces malheureux (1).

Chose étrange, c'est à l'ombre du pouvoir papal, dans le comtat Venaissin, que les juifs jouirent des privilèges les plus importants ; le représentant du Christ se mon-

(1) Boutaric. — *Saint Louis et Alfonse de Poitiers*, p. 318.

trait plus tolérant que les autres princes chrétiens pour les restes proscrits du peuple déicide [1].

En Dauphiné, les juifs eurent à éprouver ce que la prospérité a de plus brillant et ce que l'adversité a de plus terrible : tour à tour protégés et proscrits par les mêmes dauphins, tantôt tolérés par la population et tantôt traqués comme des bêtes fauves, ils ne purent jamais fonder dans notre province des établissements durables. Néanmoins, ils marquèrent leur place dans notre histoire pendant les XIVe et XVe siècles ; leur nom se trouve assez fréquemment dans les actes de cette époque conservés dans nos archives.

C'est ce qui nous a décidé à coordonner ces renseignements épars et à étudier, pendant une période de deux siècles, les rapports des juifs avec le Gouvernement Delphinal, leurs conditions d'existence et les charges fiscales auxquelles ils étaient soumis.

I

Dans une courte dissertation qu'il consac.e aux juifs dans son cartulaire manuscrit, M. de Fontanieu [2] pré-

---

(1) Voyez, sur la condition des juifs du comtat Venaissin, une intéressante étude de M. Bardinet : *Revue historique*, t. XIV, pp. 1-60.

(2) Cette dissertation est insérée dans les *Archives historiques du Dauphiné*, recueil de documents manuscrits qui est l'œuvre de Jules Ollivier, t. 4, f°s 162-164. (Bibliothèque de Grenoble).

tend que c'est le dauphin Humbert Ier qui leur ouvrit les portes de notre province en 1306. Cette assertion est démentie par Chorier, qui les représente installés à Vienne pendant les deux royaumes de Bourgogne et, ce qui est plus probant que la parole de notre trop fantaisiste historien, par une charte du Cartulaire de saint Hugues (1), datée du 11 août 894, dans laquelle Louis l'Aveugle parle des juifs ses fiscalins : « *judeis et judeabus fiscalinis nostris.* »

D'après Guy Allard, ils auraient été reçus dans le royaume de Bourgogne sous le règne de Clovis II, avec permission d'y acquérir des immeubles (2).

M. Bédarride (3), dans son intéressante étude sur les juifs, est du même avis ; il prétend que les juifs étaient établis en Dauphiné dès les premiers siècles de l'Eglise, et il cite comme preuve une lettre du pape Victor qui défend à l'évêque de Vienne de célébrer la Pâque avec eux. En examinant attentivement le texte de la lettre papale, il ne nous paraît pas qu'on puisse en conclure qu'il existait dès cette époque, à Vienne, une colonie juive ; en effet, dans le document précité, le pape ne prétend pas défendre aux chrétiens de se réunir aux juifs, leurs concitoyens, pour célébrer ensemble la

---

(1) Jules Marion, *Cartulaire de l'Eglise cathédrale de Grenoble*, p. 65.

(2) Guy Allard. — *Dict.*, v° Juifs.

(3) Bédarride. — *Les Juifs en France, en Italie et en Espagne*, p. 29.

grande fête pascale ; une telle prohibition n'aurait pas été motivée ; son but, tout autre, était de régler un point de controverse parmi les églises chrétiennes, celui de la date de la fête de Pâques, date qu'il fixait à un jour différent de celui adopté par les juifs pour leur grande fête religieuse.

Il nous faut aller jusqu'aux premières années du VIe siècle pour trouver un texte certain : le XVe canon du Concile d'Epaone interdit aux chrétiens de prendre leurs repas avec les juifs et, pour montrer jusqu'où devait aller leur horreur pour cette race maudite, il défend aux clercs de manger avec un laïque qui se serait souillé en s'asseyant à la table d'un juif : « *a judæorum vero conviviis etiam constitutio nostra prohibuit, nec cum ullo clerico nostro panem comedat quisquis judeorum fuerit convivio inquinatus* » [1].

Si les Pères du Concile défendaient d'une façon si positive aux fidèles tout commerce avec les juifs, c'est que ces derniers s'étaient intimement mêlés à la population et que la haine qu'ils inspiraient aux chrétiens des premiers siècles s'était assoupie peu à peu.

Du reste, il ne paraît pas que les prescriptions du Concile aient entravé le développement des colonies juives en Dauphiné, car, trois siècles après, leur importance s'était accrue au point de porter ombrage à l'archevêque de Vienne saint Barnard, qui, dans une lettre adressée à l'empereur Louis le Pieux, vint mêler

---

[1] Charvet. *Histoire de la sainte Eglise de Vienne*, pp. 93-847; Cf. Labbe, *Sacrosancta Concilia*, Venise, 1728, t. v, c. 713.

ses plaintes à celles du fougueux Agobard, archevêque de Lyon.

Ce curieux document, que nous trouvons dans les Œuvres d'Agobard [1], nous révèle plus particulièrement la situation que les juifs avaient su conquérir dans la ville de Lyon, et probablement aussi dans la vieille cité viennoise, la signature de saint Barnard apposée à la fin de cette lettre autorise cette conjecture.

Cette question préoccupait à un tel point l'archevêque de Lyon, qu'il écrivit successivement quatre lettres à l'Empereur pour lui soumettre ses observations et ses doléances.

Dans la première, qui a pour titre : *De insolentia judæorum*, il se plaint de la protection accordée aux juifs par le « *Missus* » impérial, et indique les règles imposées à ses administrés dans leurs rapports avec eux. Ces règles se résument dans les prohibitions suivantes :

1° Défense de leur vendre aucun esclave chrétien qu'ils iraient vendre en Espagne ou qu'ils garderaient à leur service ;

2° Défense aux femmes chrétiennes de « sabbatizer » avec eux ;

3° Défense aux chrétiens de travailler le dimanche ;

4° Défense de manger avec eux pendant le carême ;

5° Défense de manger des animaux tués par eux ;

6° Défense de boire leur vin.

---

(1) Baluze. — *Opera Agobardi,* Paris, Muguet, 1866, in-8°, 2 vol.

La prescription relative à boucherie était basée sur les pratiques superstitieuses des juifs : la dernière avait pour motif une observation assez puérile : les juifs, dit le Prélat, ne boivent pas de vin ; ils n'en ont que pour le vendre aux chrétiens ; or, s'il leur arrive d'en répandre même « *in loco sordido* », ils ne laissent pas de le recueillir dans des vases pour le vendre aux chrétiens.

Agobard se plaint encore que le « *Missus* » ait, sur la demande des juifs, changé le jour du marché qui était le samedi. Dès cette époque, le commerce lyonnais était en grande partie dans les mains des juifs ; c'est cette prépondérance qui avait motivé la mesure dont l'évêque se plaignait.

Enfin, nous trouvons déjà dans cette lettre l'absurde accusation de voler des enfants chrétiens, accusation que les juges du moyen âge renouvelleront si fréquemment contre les juifs et qui conduira à la potence ou au bûcher un grand nombre de ces malheureux. L'évêque rapporte qu'un enfant lyonnais aurait été volé à ses parents et emmené à Cordoue avec un autre enfant volé à Arles ; que, vingt-quatre ans après, ayant réussi à s'échapper, il serait revenu à Lyon et qu'il aurait raconté que les enfants volés étaient élevés dans la pratique des actes les plus impies et les plus infâmes. « *quæ turpia sunt ad dicendum* ».

Cette première lettre est signée d'Agobard seul ; la seconde est l'œuvre collective des trois évêques de Lyon, Vienne et Châlon ; elle paraît avoir été concertée pendant le Concile de Lyon.

L'Empereur, mieux inspiré que le Prélat, n'avait pas

tenu compte de la lettre dont nous venons de parler; Agobard ne se découragea pas et, profitant de la présence à Lyon d'un certain nombre de ses collègues, il s'efforça de les entraîner dans sa cause : deux d'entre eux qui, probablement dans leurs diocèses avaient à compter avec la prépondérance toujours croissante des juifs, les évêques de Châlon et de Vienne, consentirent à se joindre à lui. De cette collaboration résulta une lettre où tous les textes des Ecritures et des Pères furent accumulés pour démontrer à l'Empereur que la vraie doctrine chrétienne lui imposait l'obligation de proscrire la race déicide.

Ce long factum ne nous apprend rien de particulier sur les privilèges dont jouissaient les juifs; il ne paraît pas, du reste, que ce second appel, malgré l'abondance des textes qui l'étayaient, ait produit plus d'effet que le précédent. Les juifs continuèrent à trafiquer librement sur les marchés de Lyon et de Vienne.

Nous ne citerons que pour mémoire les deux autres lettres d'Agobard relatives aux juifs : dans la première, adressée aux officiers du Palais impérial, il leur demande l'autorisation de baptiser les esclaves juifs; la seconde a pour but de détourner Nibridius, évêque de Narbonne, du commerce et de la société des juifs : ce Prélat, plus libéral que ses collègues, ne craignait pas de les recevoir à sa table.

Les Souverains Pontifes eux-mêmes tolérèrent la présence des juifs, non seulement dans leurs états, mais même dans certains diocèses étrangers où, par une mesure spéciale, ils leur concédaient le droit de résider et de trafiquer librement. Il en était ainsi à Vienne où, grâce à cette bienveillante protection, ils purent vivre longtemps en paix et former une colonie assez importante, puisque, au dire de l'auteur du *Gallia Christiana*, ils avaient établi trois synagogues dans la seule paroisse de Saint-André-le-Bas.

En 1253 [1], le Pape Innocent IV, cédant aux sollicitations de l'évêque Jean Ier, lui accorda l'autorisation de les expulser. Les griefs reprochés aux juifs et qui motivaient cette mesure ne relevaient contre eux aucun fait d'usure, mais seulement des contraventions aux règlements de police auxquels ils étaient soumis. Il est permis d'en conclure qu'à cette époque les juifs du Dauphiné ne faisaient pas encore la banque et qu'ils se livraient à tous les genres de commerce et d'industrie, comme les chrétiens avec lesquels ils vivaient. Ce sont les persécutions et le mépris public, plus encore que le génie naturel à leur race, qui poussèrent les juifs dans cette voie en leur interdisant tout autre moyen de gagner honnêtement leur vie.

Si les juifs furent réellement chassés de Vienne par l'évêque Jean, il est à croire qu'ils ne tardèrent pas à y rentrer, car nous trouvons dans les Statuts Provinciaux du Concile tenu à Vienne en 1289 [2] une série de dispositions qui constatent leur présence dans la ville et l'évêché de Vienne.

Ces dispositions sont les suivantes : les juifs doivent porter sur leur vêtement extérieur et apparent une pièce

---

(1) Gallia Christiana, *Prov. Viennensis. Instrumenta*. C. 50-51.

(2) Charvet. *Hist. de la Sainte Eglise de Vienne.* Lyon, 1761, p. 672.

d'étoffe de forme circulaire, afin qu'on puisse les distinguer des chrétiens ; il leur est interdit d'avoir à leur service des domestiques et des nourrices de la religion chrétienne, de vendre aux chrétiens les chairs des animaux tués par eux et de manger de la viande pendant le carême ; lorsqu'il leur arrive de rencontrer sur leur chemin une croix ou le Saint-Sacrement, ils doivent ou se retirer immédiatement ou s'incliner avec respect comme les autres chrétiens ; enfin, ils sont tenus au payement des dîmes et des offrandes aux églises dans la circonscription desquelles ils habitent. Les juifs qui contreviendraient à ces règles doivent être privés de tout commerce avec les chrétiens.

En outre, les Statuts, en renouvelant les prescriptions du Concile général de Lyon, font défense à tous les seigneurs du Dauphiné de confier des charges aux juifs sous peine de voir leurs églises mises en interdit.

Dans leur haine aveugle pour ces malheureux, les Pères du Concile vont jusqu'à les assimiler aux animaux : parmi les cas réservés à l'évêque figure celui du chrétien « *qui cum judæa vel sarracene vel bruto animali coïre præsumpserit* ».

Malgré cette législation draconienne, les juifs continuèrent à habiter Vienne, où ils se groupèrent dans un quartier spécial dont une rue a conservé jusqu'à nos jours le nom de rue de la Juiverie. Il ne paraît pas qu'ils se soient établis très anciennement dans le Graisivaudan ; leur instinct les avertissait à juste titre que ce pays montagneux était moins favorable au commerce que la vieille cité viennoise, située sur la route de Marseille à Lyon, et voisine de cette dernière ville dont les foires attiraient chaque année une grande affluence de marchands de tous les pays.

Ce n'est qu'au commencement du XIVe siècle que nous les voyons fonder des comptoirs à Grenoble. Au mois d'août 1306, le roi Philippe le Bel, dans le but de s'approprier leurs immenses richesses, les bannit de France et leur ordonna de quitter immédiatement le royaume. Devant cette impitoyable proscription, ces malheureux durent chercher de nouveaux asiles : un grand nombre se réfugièrent en Bourgogne ([1]), d'autres vinrent solliciter le dauphin Humbert Ier qui les accueillit favorablement.

Deux d'entre eux, Amyal de Tours et Morel d'Amboise obtinrent, moyennant une pension annuelle de 10 livres, des privilèges très importants qui devaient leur permettre de reconstituer rapidement la fortune dont la rapacité du roi de France venait de les dépouiller.

Le Dauphin les autorisait à établir des maisons de banque, soit à Grenoble, soit dans toute autre ville de ses Etats, à y prêter sur gages ou sur obligation, à contraindre leurs débiteurs à s'acquitter au terme fixé, sans être obligés de se pourvoir en justice et, enfin, à vendre après un an les gages qui leur seraient confiés. Sur le terme assigné au payement comme sur le chiffre de la dette ils devaient être crus sur leur serment, sans qu'il fût besoin de recourir à un autre genre de preuve.

([1]) Boutaric. *La France sous Philippe-le-Bel*, p. 302.

Moyennant le payement d'une pension annuelle de 10 livres ils étaient dispensés des tailles, du guet, des corvées et des péages personnels (1).

Il y avait cependant depuis quelque temps à Grenoble des banques juives qui avaient seules le droit de se livrer à ce genre de commerce ; en leur confirmant ce monopole, Humbert ne laisse pas d'adresser un appel aux autres juifs expulsés et de leur offrir les mêmes avantages à condition qu'ils veuillent bien se soumettre aux mêmes charges fiscales.

Cet appel dut être entendu, car les comptoirs juifs se multiplièrent rapidement ; sous la bienveillante protection des dauphins Humbert Ier, Jean II et Guigues VIII, les juifs jouirent d'une grande liberté de commerce qui leur permit de fonder de nombreux établissements en Dauphiné, malgré la concurrence redoutable que leur faisaient les banquiers italiens, désignés sous le nom de

---

(1) Valbonnais. *Histoire du Dauphiné*, t. 2, p. 126 ; t. 1, pp. 262-63. — Dans son cartulaire manuscrit, que nous avons cité plus haut, M. de Fontanieu qualifie ces privilèges d'excessifs et d'indécents, et il trouve une preuve de la bienveillance du Dauphin dans les termes de « *Judæos nostros* » qui figurent dans la charte. Si le savant intendant n'avait pas été imbu des préjugés de son époque, il aurait compris que s'il y avait là quelque chose d'indécent, c'était le mobile qui faisait agir le Dauphin, mobile qui se traduit dans les expressions mêmes qu'il relève ; car si le Dauphin dit « nos juifs, » ce n'est pas par amitié ou simplement même par tolérance, c'est parce qu'il considère les juifs comme faisant partie des revenus de son domaine, au même titre que les péages et les gabelles.

Lombards, dont le régent Henri confirma les privilèges le 1er février 1321 (1).

Ce prince paraît avoir largement puisé dans la caisse d'un juif opulent nommé Vivaud, auquel il avait confié le recouvrement des péages et autres revenus delphinaux en Auvergne, de 1319 à 1321. Ce juif était à la fois le banquier du Dauphin, son fournisseur de chevaux et son architecte, car il répara quelques années après le château de Beauvoir. En 1445, il n'était point encore payé, aussi le dauphin Humbert II, qui lui avait conservé sa confiance et lui avait également emprunté d'assez fortes sommes, lui assigna une rente viagère de 30 florins, qui était loin de représenter l'intérêt des capitaux qui lui étaient dus (2).

En 1322, le pape Jean XXII ayant banni les juifs du Comtat, une partie de ceux-ci se réfugia en Dauphiné. C'est ce que prouve un compte du châtelain de Nyons pour l'année 1322 où nous lisons les deux mentions suivantes : « *Pro gardis antiquorum judeorum,* » et, plus loin : « *De judeis advenis de Comitatu Venayssini recepit...* » Il y avait donc à cette époque à Nyons deux classes de juifs : les uns, qualifiés vieux juifs, établis depuis longtemps dans cette ville par opposition aux autres nouvellement arrivés du comtat Venaissin.

En même temps que le Dauphin ouvrait ses portes à

---

(1) Arch. de l'Isère. *Inv. ms. de la Chambre des Comptes, Generalia.*

(2) B. 3245, f° 1. — Cette rente devait être prise sur les revenus des cens levés sur les juifs.

ces malheureux chassés pour un temps des possessions papales, l'évêque de Valence, Guillaume de Roussillon, loin de suivre l'exemple du Souverain Pontife, cherchait à les attirer dans son diocèse. Le 26 mai 1323, il prenait sous sa protection quatre juifs et une juive, et leur accordait des privilèges à peu près semblables à ceux que le dauphin Humbert Ier avait concédés aux juifs Amyal et Morel : c'est ainsi qu'ils pouvaient, dans toute l'étendue des deux diocèses, se livrer au commerce des marchandises et de l'argent, et vendre les gages de leurs débiteurs à défaut de payement.

Le tribut que l'évêque retirait de chacun d'eux était 1 florin d'or et quelques livres de cire ; il défendait aux officiers de son domaine de les molester et leur promettait même des sûretés pour leurs personnes et pour leurs biens lorsqu'ils en voudraient sortir pour fixer ailleurs leur résidence [1].

Les seigneurs féodaux, vassaux du Dauphin, n'étaient pas moins désireux que leur suzerain de voir les juifs s'établir sur leurs terres. Nous en trouvons la preuve dans un des articles de l'échange de Saint-Romain et de Péroges, fait en 1315, entre le dauphin Jean et les héritiers de Guichard d'Anthon : il y est réservé, expressément en faveur de ces derniers, qu'ils pourront permettre aux juifs, lombards et tous autres banquiers, de s'établir dans l'étendue de leurs terres et qu'ils y seront

---

[1] Valb. *Hist. du Dauphiné*, t. 1, p. 263.

exempts des droits que le Dauphin avait coutume de prendre sur eux partout ailleurs (1).

Le 1er juillet 1338, Aymar de Bressieux accorda au juif Savorin, à Menot son fils, de Villeneuve de Roybon, et à leur famille, le droit de commercer dans sa terre moyennant une redevance annuelle d'une livre de cire (2).

Le dauphin Humbert II montra, dans ses rapports avec les juifs, la même incertitude et la même irrésolution qui caractérisent tous les actes de sa vie politique : pendant son règne, les juifs furent successivement proscrits et rappelés, protégés et livrés aux fureurs populaires, et, définitivement, expulsés et dépouillés de tous leurs biens, qui furent attribués au fisc delphinal.

Avant que ce prince fût arrivé dans ses Etats, la dauphine Béatrix fit mander à tous les juifs et lombards établis en Dauphiné, qu'ils eussent à se trouver, le 9 octobre 1333, à Saint-Marcellin, pour y prêter à leur nouveau souverain les sommes dont il avait besoin pour son voyage (3). Le compte du chancelier Jean Humbert, qui nous relate ce fait, ne nous dit pas quelle somme fut produite par cet emprunt forcé ; nous y voyons seulement que les juifs du Gapençais préférèrent se dispenser

---

(1) Valb. *Ibid.*, t. 1, p. 74 : « *Item volumus et concedimus quod ipsi liberi infra jurisdictiones suas possent habere et tenere Lombardos et judeos et alios fenerarios et quod nos et nostri non possimus aliquid petere seu exigere ab eisdem* ».

(2) Arch. de l'Isère. B. 2704.

(3) Valb. *Op. cit.*

de cet honneur en donnant gratuitement au Dauphin une somme de 10 florins.

Les juifs du Viennois payaient annuellement un cens de 20 florins d'or, outre le droit de sauvegarde exigé de diverses communautés. Cet impôt ne parut pas suffisant à Humbert II, qui fit secrètement avertir les principaux d'entre eux que, s'ils ne lui offraient pas un gracieux subside, ils seraient expulsés : le juif Vivaud, délégué par ses coréligionnaires, se rendit à Grenoble, le 4 octobre 1337, et obtint du Dauphin la confirmation de leurs privilèges, moyennant la promesse de lui payer chaque année, trois jours avant Noël, une pension de 32 florins d'or pendant dix ans. En considération de ce sacrifice, Vivaud demanda la suppression de toutes les autres taxes auxquelles ses coréligionnaires étaient soumis, et l'assurance que pendant dix ans il ne serait exigé d'eux ni emprunt ni don gracieux.

Humbert accéda à toutes ces demandes, leur confirma les immunités jadis concédées par le dauphin Jean et déclara que les contestations à naître entre eux et leurs débiteurs seraient jugées d'après la teneur des obligations dressées par eux, nonobstant toutes ordonnances contraires.

En même temps, il offrait à tous les juifs étrangers qui viendraient s'établir sur ses terres la jouissance des mêmes droits, à condition qu'ils contribueraient aux mêmes charges.

Pour répartir ce subside entre les juifs du Viennois et fixer la part contributive de chacun, une grande assemblée fut tenue à Moras, le 23 du même mois. Chaque communauté juive avait élu deux délégués chargés de déclarer les biens qu'elle possédait en argent, terres, créances, meubles, etc., « *excepta farina mota* ». L'assemblée était composée des délégués de Moras, Roybon, Saint-Nazaire, Laval, Peyrins, Mont-Rigaud, Chatte, l'Albenc, Tullins et Beaucroissant ([1]).

Ce subside, une fois réparti, devait être levé par les châtelains des lieux où résidaient les juifs ; mais, par lettres du 15 mai 1338, le Dauphin le mit sous sa main, et ordonna qu'il serait versé dans ses coffres privés ([2]). Dès lors il était nécessaire que les détails de la perception fussent confiés à un juif chargé de remettre la somme totale au Dauphin.

En rançonnant les juifs, Humbert II n'oublia pas les Lombards, leurs concurrents dans le commerce de l'argent : au commencement de cette même année 1338, il révoqua tous les privilèges qui leur avaient été précédemment octroyés, et leur fit acheter fort cher le droit de vivre et de commercer.

Pendant que les juifs du Viennois étaient obligés de payer la tolérance delphinale, quelques-uns d'entre eux, par leur intelligence et leur savoir-faire, parvenaient à forcer la confiance d'Humbert. C'est ainsi que David de Yères, habitant de Nyons, obtint, sans financer, la faveur d'entrer au service du Dauphin et de jouir de tous les droits attachés à cette condition. Les qualités que le prince reconnaissait à son amé et féal le juif

---

([1]) *Archives de l'Isère*, B. 2703.
([2]) *Ibid.*, Carton des Juifs.

David sont de celles qui ont toujours été le caractère distinctif de la race juive, la discrétion et la ruse « *discretione et astuta diligentia* » (1).

Pour apprécier ces diverses qualités, le Dauphin avait dû confier à ce juif quelque mission diplomatique semblable à celle pour laquelle il récompensait, un an auparavant, le juif Symilon de Lambesc, et que le compte du châtelain d'Avisan, pour l'année 1337, relate en ces termes : « *Item solvit Symilono de Lambesco, Judeo, mandato domini, pro exequtione arduti negotii secreti* » (2).

La politique d'Humbert vis-à-vis des juifs nous paraît pleine de contradictions, dont il faut chercher l'explication dans les besoins du moment. Tantôt protecteur et tantôt oppresseur, il confirme et révoque leurs privilèges sans autre motif que des nécessités fiscales contre lesquelles il lutta sans succès pendant tout son règne.

On serait tenté de le féliciter des lettres qu'il adressa, le 5 février 1339, du Pont-de-Sorgue, à tous ses officiers des baronnies de Montauban et Meuillon, leur enjoignant de forcer tous les débiteurs des juifs à s'acquitter aux époques et lieux fixés par leurs obligations, pourvu toutefois que ces créances fussent « *licita et honesta* ».

En vertu de cette ordonnance, tous les débiteurs solvables étaient contraints de s'exécuter ; quant à ceux

---

(1) *Archives de l'Isère*, B. 3218, f° 50, v°.

(2) *Ibid.* Comptes du Gapençais et des Baronnies, 1387.

qui se trouveraient dans un tel dénûment que la cession de tous leurs biens, meubles et immeubles, ne parviendrait pas à les libérer, un délai de quatre années pouvait leur être accordé par les magistrats locaux, et le montant de leur dette divisé en quatre termes égaux annuels sans intérêts « *usuris cessantibus* ».

En même temps, le Dauphin rappelait à ses officiers qu'ils devaient veiller à l'exacte observance des privilèges concédés aux juifs, et enlevait aux commissaires enquêteurs, qu'il avait récemment nommés, la connaissance de tous crimes ou délits d'usure commis par les juifs, connaissance qu'Humbert se réservait à lui-même (1).

En écrivant ces lettres, le Dauphin ne se laissait pas guider par un sentiment de justice et d'humanité pour les juifs, sentiment du reste inconnu à son époque : un mobile moins élevé avait réglé sa conduite : il lui importait que les juifs fissent d'heureuses affaires, pour que les cens et subsides qu'il leur imposait fussent payés exactement. Si l'on ajoute qu'il songeait à traiter avec eux d'un emprunt, on comprendra l'intérêt qu'il avait à faire rentrer dans leurs caisses les sommes dont son trésor obéré allait profiter.

En effet, deux mois après, le 19 avril 1339, Humbert, étant à Avignon, se décida à faire appel à tous les banquiers juifs et lombards. Il fit donner ordre à ces derniers de venir le trouver dans le délai de quinze jours à Marseille, ou en tout autre lieu ; quant aux juifs,

---

(1) *Archives de l'Isère*, B. 3019, f° 21.

dont l'esprit d'étroite solidarité lui était connu, il leur permit de nommer deux délégués par bailliage [1].

Bien que les lettres de convocation ne nous indiquent pas le but de cette mesure, il est permis de croire que le Dauphin voulait contracter un nouvel emprunt assez considérable pour qu'il fût besoin de le demander à tous les banquiers dauphinois.

Quel fut le sort de cette tentative ? Si elle réussit, quel fut le chiffre de l'emprunt forcé consenti par ces malheureux ? Les documents nous manquent pour le préciser, mais il est probable que les banquiers juifs et lombards revinrent de Marseille l'escarcelle sensiblement allégée.

Le Dauphin ne paraît pas s'être montré reconnaissant ; il est bien vrai qu'il confirma aux juifs leurs privilèges et les autorisa à demeurer en Dauphiné [2] (8 juin 1339) ; mais un an s'était à peine écoulé qu'il donnait l'ordre à son vibailli des Baronnies d'informer contre les usures attribuées aux juifs et aux Lombards, leur défendait d'en exiger à l'avenir, d'exercer aucun office et d'avoir des domestiques chrétiens [3].

Si l'on rapproche cette lettre de celle citée précédemment et par laquelle le Dauphin se réservait la connaissance des crimes et délits d'usure commis par les juifs, on ne peut ne pas s'étonner de la versatilité d'esprit de

---

(1) *Archives de l'Isère*. B. 3019, f° 31.

(2) Guy Allard. Ms. *Des Juifs*. Bib. de Grenoble.

(3) *Inv. ms. de la Ch. des comptes*. Generalia (24 juillet 1340).

ce prince, variant d'une année à l'autre, suivant les exigences de son trésor.

C'est encore, en effet, à des préoccupations fiscales qu'il faut demander le motif de cette mesure vexatoire ; les tailles et subsides rentraient mal et les contribuables ne manquaient pas d'en faire retomber la responsabilité sur les usuriers juifs et lombards.

La même considération lui fit interdire, le 26 octobre 1342, aux habitants du Champsaur, de passer aucune obligation usuraire en faveur des juifs ou des Lombards, sans son consentement, sous peine de 100 livres d'amende (1).

Certaines communautés, écrasées sous le poids de leurs dettes et impuissantes à acquitter à la fois les tailles delphinales et les intérêts dont elles étaient grevées, se voyaient réduites à aliéner leurs ressources communales ; c'est ainsi que les habitants de Rovon et d'Epinouse durent, cette même année, abandonner au Dauphin le vingtain de tous fruits, moyennant quoi celui-ci se constitua à leur place le débiteur des juifs ; inutile d'ajouter qu'il fût le seul à bénéficier de cette transaction et que les juifs n'essayèrent même pas d'obtenir le payement de leur créance (2).

Est-ce aux scrupules d'une conscience timorée ou à des préoccupations fiscales qu'il faut attribuer les lettres de proscription lancées par Humbert contre les

---

(1) *Arch. de l'Isère.* Carton des Juifs.

(2) *Ibid.*

juifs avant son départ pour la croisade ? Les considérations qu'il invoque pour justifier cette mesure sont empreintes de cet esprit de mysticisme hypocrite qui caractérise un grand nombre des actes du dernier Dauphin : il veut, dit-il, purger ses Etats des personnes coupables du péché d'usure, et il supplie le Pape de vouloir bien jeter un regard favorable sur ses sujets qui ont eu le malheur de recevoir l'argent des infidèles (1).

Non content de chasser les juifs du Dauphiné, Humbert voulut les expulser de toutes les terres qu'ils possédait dans le royaume de France ; à cet effet, il commit, le 27 juillet 1345, plusieurs de ses conseillers pour se transporter dans tout le royaume de France, où il avait quelques terres, y rechercher tous les usuriers et les faire punir suivant leurs crimes (2).

L'archevêque de Lyon, Henry de Villars, chargé du gouvernement du Dauphiné pendant la croisade, n'éprouva aucun embarras pour interpréter les lettres du Dauphin ; il fit comprendre aux juifs que moyennant une somme de 1,000 florins applicables aux frais de la guerre contre les Turcs, ils pourraient continuer à vivre et à négocier comme par le passé dans tout le Dauphiné.

Ceux-ci consentirent à cette transaction et se soumirent pendant cette année à un impôt extraordinaire dans lequel vinrent se confondre les pensions et droits de

---

(1) Valbonnais. T. 1er, p. 338.

(2) *Archives de l'Isère,* Reg. *litt., tempore dom. Humberti,* f° 51.

sauvegarde qu'ils payaient annuellement au Dauphin quelques jours avant la fête de Noël [1].

Il est intéressant d'examiner quelle fut, à l'égard des juifs, la politique de l'archevêque de Lyon, Henry de Villars, auquel Humbert, avant de partir pour la croisade, avait confié la régence de ses Etats.

Loin de se montrer intolérant à l'égard de ces opprimés, le sage prélat leur confirma leurs privilèges et les protégea même contre la mauvaise foi de quelques bénéficiers ecclésiastiques.

Par des lettres datées de Romans, le 27 octobre 1346 [2], il accorda aux débiteurs des juifs et des Lombards un délai d'un an pour s'acquitter : ce sursis, instamment réclamé par des cultivateurs déçus dans leurs espérances par une mauvaise récolte, devait leur permettre d'attendre une saison plus heureuse, en leur laissant encore un an leurs fruits et leurs instruments aratoires. Au cas où un créancier sans entrailles ne voudrait pas consentir à ce délai, les châtelains et juges des lieux devaient s'opposer à la saisie des grains, vins, bestiaux et instruments de travail, pour que les cultivateurs pussent nourrir leur famille, faire leurs semailles et acquitter les cens dus au Dauphin. Peut-être cette dernière considération n'avait-elle pas été étrangère à la décision du régent.

Quoi qu'il en soit, certains débiteurs solvables profi-

---

(1) Valb. T. 2, p. 228.

(2) *Arch. de l'Isère*, B. 3218, f° 39.

tèrent de cette ordonnance pour refuser de payer leurs dettes à l'époque fixée. Ainsi le prieur de la Mure et ses fidéjusseurs opposèrent une fin de non-recevoir aux réclamations du juif Salamine de Bisancey ; ces débiteurs de mauvaise foi prétendaient bénéficier du délai accordé par le régent, et ne s'acquitter que l'année suivante, après la récolte.

S'ils avaient compté sur la complicité de l'archevêque de Lyon auquel leur caractère ecclésiastique devait les recommander, ils durent êtres déçus. En effet, sur les réclamations du juif Salamine, Henry de Villars flétrit énergiquement la mauvaise foi du prieur et ordonna au châtelain de Moras de faire donner satisfaction aux légitimes réclamations du juif (1).

Quelques jours après, le 19 décembre 1346, il confirma les lettres de sauvegarde accordées précédemment (2) par le Dauphin au juif David de Moras, habitant de Nyons, et prescrivit à tous officiers delphinaux de le protéger, le défendre et le traiter avec la plus grande bienveillance, « *ipsum Davidem judeum cum rebus et familia benignis affectibus pertractautes* » (3).

D'autres lettres, datées aussi de Romans, le 21 déc. 1346, accordaient le même privilège au juif Astrugon Mancipi, de Serre. Ce personnage avait su se concilier les bonnes grâces d'Humbert, qui l'avait nommé son

(1) 13 déc. 1346 (Pièces justif.).
(2) (8 mars 1338) *Archives de l'Isère*. B. 3218 f° 50.
(3) B. 3218, f° 50, v°.

« *garderium specialem* ». L'archevêque lui confirme ce titre, l'admet à faire partie de sa maison et le qualifie de *dilectus suus* (1).

Si les juifs obtenaient, moyennant finance, la protection du régent, il leur était plus difficile d'éviter les vexations des officiers inférieurs et les injures et mauvais traitements du peuple. En l'absence du Dauphin, tous croyaient pouvoir impunément insulter et opprimer ces malheureux.

Averti de ces abus par les plaintes des victimes et peut-être aussi par les observations du juif Astrugon, qui se faisait auprès du régent l'avocat de ses coréligionnaires, Henri de Villars écrivit, le 21 décembre 1346, à tous les magistrats des bailliages pour les rappeler à l'exacte observance des privilèges accordés par les Dauphins et par lui aux juifs de la province (2).

La leçon dut être entendue, car peu de temps après nous voyons le châtelain de Chabeuil, Thomas d'Arenton, prendre sous sa sauvegarde le juif Bellitégua de Peyrins, habitant de Livron, ainsi que sa femme, ses serviteurs et ses biens. Comme toujours, cette faveur était achetée : le juif promettait de payer chaque année, à Pâques, au Dauphin, une livre de cire (3).

Ces principes de tolérance, le régent les avait puisés dans les conseils du Pape, comme le prouve la lettre

---

(1) *Archives de l'Isère*. B. 3218, f° 51.
(2) *Ibid.*
(3) *Ibid.*, B. 2703.

qu'il adressait le 19 septembre 1346 au dauphin Humbert pour lui rendre compte de son administration : « J'ai consulté N. S. Père le Pape au sujet des Lombards dont vous avez ordonné l'expulsion générale : il m'a répondu que vous pouviez bien supporter ce que supporte l'Eglise et qu'il n'était pas utile de les expulser, alors qu'on pouvait en tirer profit ; en conséquence, j'ai décidé que cette année ils payeraient double pension, ce qui produira 1,500 florins qui vous seront réservés; les années suivantes ils ne payeront que la pension simple.

Quant aux juifs, sur les conseils du Pape, il a été convenu avec eux qu'outre leurs pensions ils vous payeront un subside de 1,000 florins, dont 500 cette année et 500 l'année prochaine » (1).

Nous touchons à la plus terrible période de l'histoire des juifs du Dauphiné ; jusqu'à cette époque il n'ont eu à souffrir que de la rapacité des Dauphins ; la population a semblé les accueillir sans trop de protestation, et le clergé lui-même ne leur a point été hostile. Subitement, et sans que rien ait pu le faire prévoir, tout cela va changer: des calomnies absurdes, propagées par le fanatisme et facilement accueillies par une population crédule, vont les désigner aux fureurs populaires et à toutes les sévérités des juges delphinaux.

La peste, qui ravagea à cette époque toute l'Europe, fut la cause de cette persécution : la population fit tom-

---

(1) Ulysse Chevalier. *Document inédits*, p. 113 (Bulletin de la Société de statistique de l'Isère, 2e série, t. VI.

ber sur les juifs la responsabilité de ce terrible fléau, et les accusa d'avoir empoisonné les puits et les fontaines.

En mai 1348 ([1]), des mouvements populaires se produisirent dans tout le Dauphiné ; partout les malheureux juifs furent poursuivis et traqués par une populace abusée qui voyait en eux la cause de la mortalité qui la décimait. A Veyne, dans le Gapençais, 93 juifs furent massacrés; des enquêtes furent ouvertes contre eux au Buis, à Nyons, Sainte-Euphémie, Mirabel, Avisan, Villedieu, Orange, Valence, Tain, et en général dans tout le Dauphiné.

Pour donner satisfaction aux passions populaires, le Dauphin confisqua, le 4 juillet suivant, tous les biens des juifs de la baronnie de la Tour et les distribua à ses familiers ([2]).

En même temps il délégua deux conseillers delphinaux, Etienne de Roux et Raymond Fallavel, pour informer dans tout le Dauphiné sur les accusations portées contre les juifs. Nous n'avons malheureusement plus la procédure d'information rédigée par ces commissaires, mais un état des frais faits par eux à Vizille nous permet de conclure que les juifs furent condamnés à la confiscation de leurs biens et de leurs créances, dont le recouvrement fut confié aux châtelains des lieux ([3]).

([1]) Mem. Pilati cités par Valbonnais, t. 2, p. 625.

([2]) *Ibid.*

([3]) Voir Pièces justificatives.

Il faut se reporter à cette époque d'ignorance et de superstition, pour comprendre comment deux jurisconsultes, après une enquête faite, ont pu consacrer par leur jugement d'aussi absurdes calomnies.

Plus sommaire était la justice populaire : à Saint-Saturnin, le peuple se souleva et, sans attendre les commissaires du Dauphin, alors à la Balme, massacra impitoyablement tous les juifs (1).

A Sainte-Euphémie, les juifs étaient emprisonnés dans le château, la populace en brisa les portes, les massacra tous et se répandit ensuite dans leurs demeures qui furent mises à sac. Le Dauphin, pour bien montrer qu'il acceptait la responsabilité de cet acte de sauvagerie, accorda un salaire de 50 florins aux assassins (2).

Les comptes des châtellenies, précieux documents que le président de Valbonnais avait su mettre à contribution, nous fournissent quelques détails sur la persécution que les juifs eurent à souffrir pendant les années 1348-1349. Nous croyons intéressant d'en reproduire ici les points les plus curieux.

Au compte de Guy Toscan, châtelain de Vizille pour l'année 1348, on lit : « *Pro expensis* LXXIV *judeorum et judearum, tam magnorum quam parvorum qui steterunt in carceribus per* LXX *dies et plurium custodum eis ordinatorum per judicem....* »

Il paraît, en effet, par la procédure citée plus haut,

(1) Mem. Pilati.

(2) *Archives de la Drôme*, E. 2942.

que, pour éviter l'entente entre les accusés, les juges les avaient isolés et leur avaient donné à chacun un gardien spécial [1].

Le compte de la châtellenie de Serre, pour la même année, nous a conservé les noms d'un grand nombre de juifs condamnés à des amendes plus ou moins élevées [2].

Au compte de Meuillon se trouve la note suivante : «*Item solvit pro portandis cartularüs et instrumentis judeorum à Buxo, in castro Montis-Albani ubi reposita sunt*» [3], mention qui nous fait connaître la confiscation dont les juifs avaient été victimes dans les Baronnies.

Le compte de Raynaud Rivière, châtelain de la Mure en 1349, nous rappelle les atroces accusations portées contre les juifs par une population ignorante et fanatique : il s'agit d'un enfant chrétien qui aurait été livré aux juifs, soit pour le circoncire, soit pour le crucifier; le compte ne nous le dit pas; le crime était assez évident pour que le juif qui en était accusé fût condamné à un supplice atroce : ce malheureux fut coupé par le milieu du corps et ses restes pantelants suspendus à une potence [4].

Au mois d'août 1348, le prieur de Montfleury se rendit au château de Montbonnot où se trouvaient réunis tous les biens meubles confisqués sur les juifs du mandement

---

(1) Valb. T. 2, p. 272.
(2) *Archives de l'Isère*, Comptes du Briançonnais (1348-1349).
(3) *Ibid.*, f° 88.
(4) Valb. T. II. p. 585.

de Montfleury, et se fit délivrer tous ces objets, consistant en meubles, ustensiles de ménage, livres et titres de créance, que le Dauphin lui avait attribués. Le prieur les fit transporter chez lui et en passa décharge au châtelain de Monbonnot, Etienne de Roux [1].

Des faits semblables durent se passer dans un grand nombre d'autres châtellenies ; toutefois, le Dauphin se réserva la plus grosse partie des dépouilles de ses victimes, en sorte que les débiteurs des juifs ne firent que changer de créanciers.

La persécution n'atteignit pas tous les juifs du Dauphiné : un certain nombre d'entre eux réussit à échapper aux fureurs populaires et aux sentences des commissaires delphinaux ; en effet, à la même époque, nous voyons des juifs obtenir du Dauphin le remboursement de sommes prêtées et d'autres fournir aux châtelains des produits de leur industrie.

Après ces terribles épreuves, les juifs purent jouir de quelque tranquillité sous la domination du jeune dauphin Charles, dont les premiers actes leur furent assez favorables. Le 7 septembre 1349, ce prince, étant à Romans, concéda à diverses familles juives des lettres de sauvegarde empreintes d'un certain libéralisme.

L'une de ces lettres était accordée au juif Salamine de Bisancey [2], dont nous avons constaté l'influence sur le régent Henry de Villars ; ce devait être un personnage assez considérable que ce juif auquel le Dau-

---

[1] *Archives de l'Isère*, Carton des juifs.

[2] Voir *Pièces justificatives*.

phin donne la qualification courtoise de « *dilectum nostrum* », généralement omise dans les actes de cette époque devant les noms de ses coréligionnaires. Il est vrai de dire qu'il payait assez cher la faveur d'être l'ami de son souverain : moyennant le payement d'une garde ou pension annuelle d'un marc d'argent fin, il avait droit, pendant dix ans, à la protection du Dauphin et de ses officiers, pour lui, sa famille, ses serviteurs et ses marchandises ; il pouvait établir son domicile et ses comptoirs en toute ville ou bourgade du Dauphiné, y faire le commerce honnêtement et en observant les lois, et obtenir la protection delphinale pour le recouvrement de ses créances ; enfin, un privilège important le dispensait d'acquitter, pour lui et les siens, le péage personnel auquel les juifs étaient soumis devant la plupart des barrières.

En rapprochant ce que nous avons dit précédemment de la politique d'Henry de Villars à l'égard des juifs, de la présence de l'archevêque de Lyon dans le Conseil où furent rédigés les termes de ces lettres, nous sommes en droit de conclure que c'est à l'influence de ce prélat que Salamine de Bisancey et ses coréligionnaires durent la concession de cet important privilège.

A la même date, en effet, furent données deux autres lettres de sauvegarde : la première à Raffael, fils de feu Lyonet de Chartres, à Jotzon de Valence, et à leurs familles, pour cinq années seulement et moyennant une redevance d'un demi-marc d'argent à acquitter chaque année à la Saint-Jean [1] ; la seconde à diverses familles

[1] *Archives de l'Isère*, B. 3018, f° 13, v°.

juives de Saint-Christophe, Grane, Chabeuil, Tullins, Serre, Bourgoin, Saint-Sorlin et Chatte, sous l'obligation imposée à chaque famille de payer par année trois florins.

Au commencement de l'année suivante (1350), le 4 janvier, Humbert II remit au nouveau Dauphin tous les droits qu'il avait sur les biens et créances des juifs, confisqués lors de la peste de 1348. Comme ils n'avaient point été compris dans l'acte de transport consenti l'année précédente, le Dauphin en fit l'objet d'une cession spéciale (1).

Les créances dont il s'agit n'avaient pas encore été acquittées par les anciens débiteurs des juifs, qui cherchaient par tous les moyens à éluder l'accomplissement de leurs obligations ; le nouveau Dauphin nomma aussitôt des commissaires pour procéder à la recherche et au recouvrement de toutes ces créances.

Il paraît, par les enquêtes qui furent faites, que la confiscation ne porta guère que sur les biens des juifs des Baronnies et du Gapençais. En effet, toutes les procédures que nous avons trouvées se rapportent à cette région ; sans doute le secrétaire H. Pilat nous affirme que le Dauphin confisqua les biens des juifs de la terre de la Tour, mais il ajoute que les dépouilles de ces malheureux furent attribuées à diverses personnes. Il ne restait donc à recouvrer que les biens des juifs des Baronnies et du Gapençais.

Grâce à la mauvaise foi des débiteurs, ce recouvre-

(1) Valbonnais, t. II, p. 615.

ment exigea près de vingt ans. En 1350, le Dauphin confia cette délicate mission à Bertrand du Clos et Pierre de Servenc ; le notaire Gilbert, du Buis, fut chargé de relever dans tous les protocoles des notaires de la région les obligations consenties aux juifs et non encore acquittées. Parmi les débiteurs figuraient un assez grand nombre de communautés : Vercoyran devait 100 florins d'or ; Montauban, 250 ; le Buis, 80, etc.

Un certain nombre de contrats étant rédigés en hébreu, il était nécessaire de s'adresser à un juif pour en avoir l'intelligence ; en outre, la plupart des débiteurs étaient morts ou avaient disparu ; d'autres prétendaient avoir payé soit des acomptes, soit la totalité de leur dette ; de là des difficultés qui entravaient à chaque pas la mission des commissaires.

Le gouverneur Guillaume de Vergy, instruit de cette situation, fit choix d'un juif intègre et intelligent et l'adjoignit aux commissaires. Le personnage qui accepta l'étrange mission d'assurer les dépouilles de ses frères à leur persécuteur se nommait Abraham Cassin, de Mornas. Il fit réunir à Nyons toutes les créances des juifs des Baronnies et du Gapençais, traduisit en langue latine ou en langue vulgaire celles qui étaient rédigées en hébreu, et en dressa un état comprenant les noms des débiteurs et de leurs successeurs ou ayants droit, le montant des sommes dues et les noms des notaires qui avaient reçu les actes.

Ceci fait, il s'occupa de traiter avec les débiteurs, transigea avec un grand nombre, probablement pour faire la part de l'usure, et remplaça les anciennes obligations par de nouvelles, souscrites au nom du Dauphin. Pour prix de ses peines, il lui était attribué le sixième des sommes qu'il recouvrait.

Malgré ce précieux concours, les rentrées ne s'opéraient que lentement ; en 1364, le gouverneur Raoul de Loupy dut confirmer à Reymond de la Fare et au juif Abraham Cassin les pouvoirs qui leur avaient été concédés par son prédécesseur ; il leur donnait pour instructions de rechercher minutieusement toutes les créances des juifs dans la judicature des Baronnies, de retrouver leurs biens meubles et immeubles, leurs fiefs, de les reprendre aux mains de ceux qui les détenaient illégalement, même par la force, et pour cela de requérir l'appui des officiers delphinaux. Pour exciter le zèle d'Abraham Cassin et, au besoin, étouffer ses scrupules, Raoul de Loupy lui renouvelait la concession du sixième des sommes recouvrées.

Cette promesse ne paraît pas avoir été sans attrait, car, l'année suivante (1365), le juif Abraham avait fait encaisser au trésor delphinal une somme de 550 florins, en même temps qu'il lui en promettait 3,000 autres provenant de créances retrouvées par lui ; aussi, le 5 mai 1365, le gouverneur lui allouait une indemnité de 64 florins d'or.

Les informations se poursuivirent encore pendant quelques années ; les dernières que nous ayons trouvées portent la date de 1373 (1). A cette époque, les gens de Serre

(1) Il aurait été intéressant d'étudier les diverses natures de contrats en usage chez les banquiers juifs du XIVe siècle, et nous avions pensé, sur la foi de Guy Allard, pouvoir le faire au moyen des

demandèrent au gouverneur Charles de Bouville une réduction des sommes qu'ils devaient à raison des biens confisqués aux juifs. A l'appui de leur demande, ils expliquaient que ces dettes étaient le produit de l'usure, qu'il y avait longtemps que la confiscation avait été opérée et que, par conséquent, la recherche des créances était devenue difficile, un grand nombre de débiteurs affirmant qu'ils s'étaient acquittés, que la guerre et la contagion avaient fait égarer les titres, et qu'enfin ils étaient, pour la plupart, absolument insolvables.

En considération de ces faits, le gouverneur réduisit leur dette à 100 florins qui furent employés aux travaux de fortification de la ville. Cette somme de 100 florins était le produit de 294 obligations contractées en faveur des juifs.

Pendant que ces enquêtes se poursuivaient, les juifs avaient repris leurs places dans les villes et bourgs et travaillaient à réparer les ruines causées dans leurs caisses par la confiscation.

Le Dauphin les tolérait et les couvrait même de sa protection, mais, en revanche, il exigeait d'eux une scrupu-

---

nombreux actes consentis en leur faveur et que cet auteur dit avoir vus dans les archives de la Chambre des Comptes de Grenoble ; mais, malgré nos recherches, nous n'avons pu retrouver aucun de ces actes qui devaient se distinguer, suivant le dire de Guy Allard, par une cote hébraïque placée au revers du parchemin. Peut-être le trop peu scrupuleux historien a-t-il négligé de restituer ces actes, comme il a omis de rendre ceux que M. Gariel a retrouvés dans les papiers de la famille Allard Duplantier, de Voiron, et qui sont actuellement conservés parmi les manuscrits de la Bibliothèque de Grenoble.

leuse ponctualité dans le payement de leurs redevances annuelles; en 1357, il chargeait un maître des Comptes, le clerc Jean de la Roche, de s'informer si les taxes levées sur les juifs étaient régulièrement perçues et si quelques-uns d'entre eux ne réussissaient pas à éluder les prescriptions delphinales.

Par le traité du 5 janvier 1355, signé à Paris entre le comte de Savoie et le Dauphin, la longue querelle qui divisait les deux pays avait été heureusement terminée par une rectification de frontières plus logique : le comte de Savoie avait abandonné au Dauphin toutes les terres qu'il possédait dans le Viennois. Or, dans la ville de Saint-Symphorien-d'Ozon, qui faisait partie de celles cédées par le traité de 1355, se trouvait une nombreuse et puissante colonie juive qui avait grandi et prospéré sous la bienveillante protection des comtes de Savoie. Il était d'une sage politique de ne pas s'aliéner ces nouveaux sujets en leur faisant plus dures les conditions d'existence sous le gouvernement delphinal que sous le régime savoyard.

Le dauphin Charles le comprit et concéda aux juifs de Saint-Symphorien et des autres communautés nouvellement acquises des privilèges et immunités importantes qui durent être, à peu de chose près, la reproduction de ceux que leur avaient anciennement octroyés les comtes de Savoie.

Les privilèges furent accordés nommément aux juifs Savarin, Raphaël et Sanson, ses fils, Simon et Savarin de Pont-Yndis et Moïse de Revel, tous habitants de Saint-Symphorien, et en général à tous leurs coréligionnaires des pays nouvellement annexés.

La concession fut faite pour une durée de dix ans : pour l'obtenir, les juifs durent acquitter un droit d'intrage de cent florins d'or et s'engager à payer annuellement au Dauphin une garde fixée, pour le juif Savarin et ses fils, à trois florins ; pour les frères Simon et Savarin, à un florin, et à la même somme pour Moïse de Revel. Quant aux autres juifs, ils continuaient à être soumis aux mêmes redevances qu'auparavant.

Saint-Symphorien-d'Ozon ayant toujours été la ville juive par excellence du Dauphiné, nous croyons devoir analyser avec quelques développements cette grande charte de leurs libertés, qui leur fut successivement confirmée par tous les Dauphins et gouverneurs, et qui devint une sorte de charte type, dont un grand nombre de juifs des autres parties du Dauphiné réclamèrent fréquemment la concession.

En reproduisant les différentes dispositions de ce document, nous respecterons l'ordre adopté par son rédacteur.

I. Les juifs seront exempts de la mainmorte : à leur décès ils pourront disposer par testament de leurs biens meubles et immeubles, comme le ferait un chrétien.

II. S'ils meurent intestats, leurs biens meubles et immeubles seront dévolus à leurs enfants des deux sexes, et s'ils n'ont pas d'enfants, à leurs parents les plus proches jusqu'au quatrième degré.

III. Dans le cas où un juif mourrait intestat, ne laissant ni enfants ni héritiers connus, ses biens devraient être pris par le châtelain du lieu et confiés à la garde de trois prud'hommes juifs pour être remis à l'héritier, dès qu'il se serait fait connaître.

IV. Les juifs pourront, dans tout le Dauphiné, acquérir, à quelque titre que ce soit, des maisons, prés, bois, servitudes, droits d'usage, héritages et, en général, tous biens meubles et immeubles; ils pourront les aliéner, comme le feraient les bourgeois des localités où ils se trouveront.

V. Ils pourront faire le commerce de marchandises et d'argent « *de denariis et denariatis, licite tamen et honeste* ».

VI. Ils seront dispensés de l'host, de la chevauchée, du guet et des tailles qui seraient levées dans l'intérêt d'une communauté.

VII. Ils acquitteront, comme les autres bourgeois, les redevances désignées sous le nom de pontonage, leyde, éminage et companage.

VIII. Dans le cas où un juif en instance devant un juge pour obtenir le payement d'une créance, ne parviendrait pas à prouver le bien fondé de sa poursuite, et même dans le cas où le débiteur justifierait du payement de sa dette, le juif ne serait pas passible d'une peine plus grave que celle qui serait infligée à un chrétien coupable du même crime.

IX. Aucun juif ne pourra être incarcéré, s'il fournit caution de se présenter devant le juge.

X. Le juif qui aura commis un délit ou un crime en sera seul responsable sur sa personne et sur ses biens : ses coreligionnaires ne pourront être inquiétés à raison de ce fait ; dans le cas où le juif coupable pourrait fournir caution de se présenter pour faire « *justicie complementum* », ses biens ne pourront être saisis.

XI. L' « *appellum duelli* » ne sera pas recevable contre eux ou leurs familles.

XII. Aucun bailli, châtelain, ni officier delphinal ne pourra opérer de saisie dans leur demeure, contre leur volonté, s'ils se déclarent prêts à se présenter au jour dit devant le juge.

XIII. Le juif qui sera convaincu d'un délit ne pourra être puni corporellement ; il ne pourra être incarcéré s'il donne caution de comparaître devant le tribunal du dauphin.

XIV. Il est interdit formellement à tous juges delphinaux de faire aucune composition avec les juifs à raison de crimes ; la procédure régulièrement instruite, avec les réponses de l'accusé, devra être soumise au Dauphin qui s'en réserve la connaissance.

XV. Les juifs ne pourront être mis à la question, sans l'ordre du Dauphin.

XVI. Le juif qui refusera de payer le tribut annuel devra être expulsé par les officiers delphinaux, sur la réquisition de trois prud'hommes juifs de la communauté ou du lieu le plus voisin.

XVII. Celui qui, secrètement ou ouvertement, aura proféré des menaces contre les juifs, sera contraint, soit par la confiscation de ses biens, soit par tout autre moyen, à respecter leurs droits.

XVIII. Tous ceux qui auront souscrit aux juifs des obligations scellées du sceau delphinal, pourront être forcés par les officiers du lieu à s'acquitter à l'époque fixée, sans qu'il soit besoin de faire intervenir un jugement, à moins qu'ils ne prouvent la fausseté des actes invoqués contre eux, ou qu'ils ne justifient d'un payement déjà fait : cette preuve devra être fournie dans un délai de quinze jours à dater de la sommation qui leur aura été faite. Tous officiers delphinaux devront exercer la contrainte contre les débiteurs des juifs dès qu'ils en seront requis.

XIX. Pour bénéficier du délai indiqué ci-dessus, le débiteur devra jurer sur les saints Evangiles qu'il n'invoque pas cette exception « *animo calumpniandi* » mais parce qu'il la croit fondée et qu'il se fait fort de la prouver.

XX. Celui qui, ayant invoqué l'exception susdite, ne pourra en fournir la preuve, sera tenu d'indemniser son créancier de tous les frais que cette procédure lui aura occasionnés : le chiffre de cette indemnité sera établi, sous la foi du serment, par le créancier, sauf à être contrôlé par le bailli, le juge ou le châtelain.

XXI. Le débiteur d'un juif qui, par les clauses de son obligation scellée du sceau delphinal, se sera soumis à la prise de corps, en cas de non-exécution de ses engagements, pourra être emprisonné par l'officier dans le ressort duquel il se trouvera, et maintenu en arrestation jusqu'à ce qu'il ait désintéressé son créancier ou fait cession de biens.

XXII. Les juifs ne pourront être tenus de rendre les gages qu'ils auront reçus tant qu'ils n'auront pas été payés.

XXIII. Il est interdit à tous officiers delphinaux de prêter leur appui aux débiteurs des juifs, pour entraver l'exécution des obligations qu'ils auront contractées avec eux, et le payement des capitaux, dommages, dépens et intérêts qu'ils se sont engagés à fournir, ou pour les soustraire aux clauses pénales insérées dans les actes, à moins qu'ils ne puissent invoquer une exception telle que le payement, la fausseté ou le renouvellement de l'acte.

XXIV. Les juifs pourront vendre le gage qui leur aura été confié, après l'avoir gardé un an et un jour, si, dans cet intervalle, n'est pas intervenu un renouvellement de la créance : toutefois, ils devront signifier la vente au débiteur gagiste.

XXV. Si un débiteur remet en gage, aux mains d'un juif, un objet ne lui appartenant pas, le juif n'encourra aucune peine, s'il est prouvé qu'au moment de l'engagement, il ignorait que le gage n'appartenait pas à son débiteur ; de plus, il ne pourra être forcé de rendre le gage avant que le contrat n'ait sorti son entier effet, sans dol néanmoins et sans usure.

XXVI. Les juifs pourront aller, venir et commercer librement dans tout le Dauphiné, en payant les péages, tributs et autres redevances accoutumées ; mais ils ne pourront établir leur domicile qu'à Saint-Symphorien-d'Ozon ou dans l'une des terres récemment cédées au Dauphin par le comte de Savoie.

Par l'octroi de ces importants privilèges, le Dauphin s'attachait les juifs de ses nouveaux Etats, qui n'auraient pas manqué de se retirer en Savoie, s'ils n'avaient joui, sous le dauphin Charles, des mêmes privilèges que sous la domination des comtes savoyards.

Aussi n'attendirent-ils pas l'expiration du délai de dix ans pour demander au gouvernement delphinal une nouvelle confirmation de leurs privilèges. Le 7 février 1360, le gouverneur Guillaume de Vergy, passant à à Saint-Symphorien-d'Ozon, leur accorda, sur leur demande, une prolongation de cinq années et ajouta à leur charte coutumière deux nouveaux articles.

Par le premier, il leur concédait le droit de se rendre dans tous les marchés delphinaux et d'y faire le commerce, sans crainte d'encourir aucune peine ; par le second, il déclarait que les juifs ne pourraient être inquiétés à raison des objets trouvés dans leurs maisons, si ces objets n'étaient cachés dans un coffre fermé, dont le maître ou la maîtresse de la maison auraient seuls la clef.

On aurait peine à comprendre la portée de cette dernière disposition si l'on ne savait combien le fanatisme et la mauvaise foi des débiteurs étaient ingénieux à trouver des moyens de perdre les juifs. Il était si facile à un débiteur désireux de se débarrasser de son créancier, de déposer secrètement dans la maison d'un juif un objet ou un acte compromettant, et d'aller ensuite le dénoncer aux magistrats, toujours disposés à croire à la culpabilité des juifs.

Des faits de cette nature avaient dû se passer : c'est pour en rendre le retour impossible que les juifs demandèrent au gouverneur de limiter leur responsabilité aux actes qui leur seraient indiscutablement personnels.

Cette nouvelle concession fut payée par les juifs quarante florins d'or, destinés à être employés aux frais de l'expédition de Bourgogne.

De nouvelles prorogations leur furent accordées par les gouverneurs Raoul de Loupy, les 31 octobre 1363 (1) et 26 janvier 1365 (2), et Jacques de Vienne, seigneur de Longwy, le 18 mai 1370 (3), moyennant le payement de vingt florins d'or.

Toutefois, il ne faudrait pas attribuer à ces privilèges une portée qu'ils étaient loin d'avoir: la procédure féodale était ingénieuse à trouver les juifs en défaut, pour leur infliger de fortes amendes. Le document qui nous a fourni le texte de la charte de 1355 va nous en donner un exemple.

Le 12 août 1364, deux juifs de Saint-Symphorien-d'Ozon, Savarin et Viviant, étaient cités à comparaître à Saint-George-d'Espéranche, par-devant Barthélemy Gautier, professeur ès lois, juge mage du Viennois et de la Terre de la Tour, pour répondre à une accusation portée contre eux par Hugues de Castillon, procureur fiscal en ladite Cour.

Quelle était la nature de cette accusation ? C'est que

(1) *Archives de l'Isère*, Série B., Carton des juifs.
(2) *Ibid*. B. 3233.
(3) *Ibid*.

rien, dans la procédure que nous analysons, ne nous permet de deviner.

Quoi qu'il en soit, au jour dit, à l'heure de prime, le procureur fiscal, avant tout débat, requit l'arrestation des deux juifs et la mise de leurs biens sous la main delphinale, s'ils se présentaient, et, dans le cas contraire, une condamnation à l'amende de 50 marcs d'argent fin applicables au fisc delphinal. Les juifs étant absents, le juge les déclara contumaces et ordonna de les citer une seconde fois, sous double peine, en cas de défaut.

Les deux juifs arrivèrent à l'heure de tierce. A l'observation qu'ils avaient fait défaut, ils répondirent qu'ils étaient cités pour tierce et non pour l'heure de prime et que, par conséquent, ils n'avaient pas encouru la peine de l'amende; que, du reste, par ordre supérieur, il était interdit de sortir de Saint-Symphorien-d'Ozon avant l'heure de tierce.

Les sergents qui avaient fait la citation affirmèrent l'avoir faite pour l'heure de prime. En conséquence, le juge déclara les deux juifs en état d'arrestation dans la ville de Saint-George, sous peine de cent marcs d'argent, jusqu'à ce qu'ils eussent fourni caution de se présenter ; puis il les assigna au lundi suivant, heure de vêpres, pour répondre à l'accusation portée contre eux et entendre leur sentence.

Les deux juifs jurèrent sur la Bible de comparaître au jour dit et présentèrent pour fidéjusseurs le juif Lionet, de Saint-Symphorien-d'Ozon, et le chrétien Etienne Guillon. Sous la garantie de cette caution ils furent laissés en liberté.

Le lundi suivant, ils comparurent de nouveau et présentèrent leurs moyens de défense : le procureur fiscal étant absent, l'affaire fut renvoyée à quinzaine ; des explications fournies par les accusés il ressortait :

1° Que, malgré les affirmations des sergents qui disaient les avoir cités de vive voix pour l'heure de prime, ils avaient compris que la comparution était fixée à tierce ;

2° Que le chemin qu'ils avaient à parcourir était long, attendu qu'ils avaient dû faire un grand détour pour éviter de payer les péages dont était hérissée la route la plus directe ;

3° Qu'ils étaient arrivés à Saint-George à la fin de prime et qu'ils auraient pu comparaître à temps, s'ils avaient osé aller trouver le juge; mais que, craignant de le déranger, ils lui avaient dépêché un de leurs amis, Etienne Guillon, qui avait auprès de lui un accès plus facile, que celui-ci avait trouvé le juge sur le point de dîner et que l'audience avait dû être renvoyée après le repas. Ils en concluaient qu'ils ne pouvaient être considérés comme coutumaces.

Après diverses comparutions des juifs, en l'absence du procureur fiscal, le lundi avant la fête Saint-Michel, ce dernier se présenta pour soutenir l'accusation ; le juif Viviant fit défaut, parce que sa femme avait accouché la nuit précédente. Le procureur fiscal n'admit pas cette excuse et demanda qu'il fût condamné comme défaillant, à 25 marcs d'argent fin d'amende ; malgré la protestation de Savarin qui invoquait les franchises accordées aux juifs, le juge déclara Viviant contumace et le condamna à 25 marcs d'argent : puis il les cita tous les deux au lendemain, heure de vêpres, pour entendre leur sentence.

Le lendemain, à l'heure fixée, les deux juifs furent condamnés comme contumaces, à une amende de 50 marcs. Qu'était devenue, dans toute cette procédure, l'accusation principale à laquelle les deux juifs venaient répondre le 12 août précédent ? Il est probable qu'elle avait été abandonnée puisque nous n'en trouvons aucune trace : ce que désirait le juge, c'était lever une contribution sur ces notables commerçants ; par des subtilités de procédure il était arrivé à leur faire donner 120 marcs d'argent ; il considéra ce résultat comme suffisant et s'en tint là.

C'est à la suite de cette procédure vexatoire que nous avons trouvé le vidimus des franchises et privilèges accordés à ces mêmes juifs de Saint-Symphorien par le dauphin Charles, comme si le greffier avait voulu montrer aux générations futures combien les sauvegardes les plus chèrement payées étaient impuissantes à protéger les juifs contre le zèle des officiers delphinaux.

Pour se défendre des attaques incessantes auxquelles ils étaient en butte de la part des populations et des autorités locales, les juifs avaient soin de se placer sous la sauvegarde du Dauphin, qui leur procurait une plus grande sécurité dans leurs voyages.

Dans la troisième partie de cette étude, nous verrons quelles ressources le trésor delphinal trouvait dans ces concessions souvent illusoires ; le privilège de sauvegarde et la redevance qui le payait étaient désignés sous le même nom de « *Garda* » et souvent la seconde acception du mot en faisait oublier la première. On ne voyait plus dans la « *Garda* » qu'un nouveau genre d'impôt, dont on cherchait par tous moyens à augmenter le rendement sans se préoccuper d'en acquitter les charges.

Le même jour qu'il avait confirmé les privilèges des juifs de Saint-Symphorien-d'Ozon, le gouverneur Jacques de Vienne avait accordé des lettres spéciales à un célèbre médecin juif nommé Moïse de Peyrins : la faveur particulière dont jouissait ce médecin avait pour cause la rareté des médecins dans la province [1].

Toutefois, quelque nécessaire que fût la présence de ce juif pour assurer la santé des sujets dauphinois, la sauvegarde ne lui fut pas accordée gratuitement : il dut promettre de payer annuellement un cens d'un florin d'or et deux florins d'intrage. Comme l'exercice de sa profession exigeait qu'il pût se déplacer rapidement, aucun domicile ne lui était assigné ; il pouvait s'établir dans toutes les villes ou bourgs du Dauphiné et y jouir des mêmes libertés que les juifs de Saint-Symphorien-d'Ozon.

Ce qu'il avait fait payer au juif Moïse de Peyrins, le gouverneur l'accorda gratuitement, l'année suivante, à un autre médecin. Il est vrai que ce dernier se trouvait

---

[1] *Attendentes*, disent les lettres, *quod pauci sunt qui résident presentialiter in patria Dalphinali experti in artibus prœdictis, unde multi dampna personarum et lesiones multimodas cotidie patiuntur.*

dans des conditions spéciales qui le recommandaient à la bienveillance du pouvoir. Louis de Pampolonia [1] était un riche médecin juif, qui s'était converti à la foi catholique et qui, en recevant le baptême, avait fait abandon de ses biens, peut-être en faveur des pauvres, peut-être en faveur d'une communauté religieuse, le texte auquel nous empruntons ces détails ne précise pas. Il était dès lors naturel qu'un gouvernement qui se targuait de prosélytisme [2], accordât à un néophyte qui montrait de si édifiantes dispositions, les moyens de gagner son pain et celui de sa famille. Joignez à cela que si l'on tolérait les médecins juifs, on n'avait jamais assez d'égards et de faveurs pour les médecins chrétiens, trop rares dans notre région.

Pendant une période de vingt ans (1370-1389), nous ne trouvons pas trace de nouvelles vexations infligées aux juifs; sans doute les comptes des trésoriers généraux et des châtelains relèvent contre eux d'assez nombreux faits d'usure, pour lesquels ils sont condamnés à des amendes, mais aucune mesure générale ne paraît avoir été prise contre eux jusqu'à l'année 1389.

A cette date, des réclamations nombreuses furent adressées au gouverneur du Dauphiné au sujet de la rapacité des banquiers juifs ; des enquêtes furent ordonnées et les secrétaires delphinaux, Pierre Panet et Pierre Chantarel, furent délégués pour se rendre l'un à Vienne, l'autre à Chabeuil et à Moirans. Ces deux commissaires

---

(1) Voir Pièces justificatives.

(2) Voir les motifs de l'acte cité aux Pièces justificatives.

firent de minutieuses perquisitions dans les maisons juives de ces localités et enlevèrent tous les actes qu'ils y trouvèrent ; de plus, ils firent publier que tous les notaires de la région eussent à leur fournir un extrait de leurs protocoles contenant toutes les obligations consenties aux juifs.

Nous possédons la nomenclature de ces actes ; mais nous y avons vainement cherché la trace du prêt à intérêt ; les extraits des notaires comme les actes trouvés dans les coffres des juifs ne contiennent que des formules de reconnaissances de dettes ou de ventes ; il est probable que, dans la crainte de poursuites, les banquiers israélites déguisaient leurs prêts sous la forme d'une vente. Malgré ce subterfuge, que les juges delphinaux avaient dès longtemps deviné, ils ne pouvaient empêcher les protestations de leurs débiteurs et les enquêtes de l'autorité judiciaire.

Quelque temps avant la procédure dont nous venons de parler, ils avaient été tous convoqués à Grenoble ; n'augurant rien de bon de cet appel, ils avaient négligé de s'y rendre : c'est à ce refus qu'ils devaient les mesures vexatoires qui venaient les troubler dans leurs opérations commerciales.

Toutefois, cette enquête n'aboutit qu'à une demande d'argent. Le 29 décembre 1388, le Roi-Dauphin avait décrété que chaque juif faisant un feu payerait annuellement un marc d'argent ; de plus, considérant que « *oncques puisque le Dalphiné vint en la main du roy nostre sire, ils n'avoient octroyé aucun subside ne fait aucun don audit Seigneur* », il les avait imposés extraordinairement pour une somme de 10,000 francs ;

mais, dans la crainte que si on leur demandait à la fois le marc d'argent par feu et l'aide de 10,000 francs, ils ne préférassent quitter le pays et chercher ailleurs un établissement moins onéreux, il fut convenu qu'on ne parlerait du marc d'argent qu'après avoir obtenu le subside de 10,000 francs.

Ce calcul obtint un entier succès ; malgré quelques difficultés[1], les communautés juives réussirent à payer, en deux termes, les 10,000 francs demandés. Pour ce faire, le « maistre de la loy », Roby Samuel, mit à contribution tous ses coreligionnaires et adressa un pressant appel à toutes les banques juives établies en Dauphiné ; il y en avait à Vienne, Grenoble, Saint-Symphorien, Crémieu, Chabeuil et le Buis.

La prospérité commerciale de ces établissements financiers était telle que, malgré la réquisition qu'ils

---

(1) Les juifs commencèrent par protester énergiquement contre le chiffre élevé de cette contribution et se déclarèrent hors d'état de l'acquitter. Toutefois, en présence de l'attitude énergique du gouverneur, qui fit emprisonner les principaux d'entre eux et mit leurs biens sous la main delphinale, ils consentirent à s'exécuter : le premier payement fut ainsi réparti :

Les juifs de Saint-Symphorien-d'Ozon.........	2.480 fr.
— de Chabeuil..........................	110
— de Vienne...........................	800
— de Grenoble.........................	1.000
Le juif Crescent, de Crémieu...............	500
Les autres juifs de Crémieu................	110
TOTAL.............	5.000 fr.

(*Archives de l'Isère*, B. 3229).

venaient de subir, les juifs consentirent encore à acquitter le marc d'argent. Convoqués à Grenoble le 1er novembre 1389, ils avaient négligé d'obéir ; mais, devant les terribles éventualités que leur faisaient pressentir les perquisitions dont nous avons parlé plus haut, ils comprirent qu'il valait mieux financer que d'abandonner la situation importante que leur avait conquise un séjour de plus d'un siècle en Dauphiné.

Ils avaient compté sans la rapacité du fisc delphinal ; encouragé par le succès de sa première tentative, le Roi-Dauphin, par ses lettres du 30 juin 1390 (1), leur imposa une nouvelle taille de 2,000 francs, à percevoir « *tant sur les juifs demorans ou Dalphiné come sur les biens des autres juifs qui nagaires se sont absentés dudit Dalphiné, ou cas que ledits juifs, encore demorans oudit Dalphiné ne suffiroient à paier ladite somme* ».

En apprenant qu'ils allaient être régulièrement soumis à des taxes onéreuses, un certain nombre de juifs que leurs intérêts n'attachaient pas au Dauphiné, avaient préféré s'exiler sur une terre plus hospitalière ; le Dauphin n'entendit pas qu'ils pussent ainsi priver son trésor de ressources qu'il avait escomptées et déclara que si les juifs présents en Dauphiné ne parvenaient pas à trouver la somme qu'il demandait, le reliquat serait pris sur les biens des juifs émigrés. Il ne paraît pas qu'on ait eu besoin d'avoir recours à cette odieuse mesure, car, à l'époque fixée, les juifs payèrent.

Toutefois, la confiance des communautés juives était

---

(1) *Arch. de l'Isère.* Série B. Compte de Jean de Brabant, 1391.

ébranlée; les émigrations se multiplièrent, comme le prouve l'abaissement chaque année plus sensible du produit du marc d'argent : en 1390, il était de 150 fr. ; en 1391, 131 fr. 1/4 ; en 1392, 106 fr. 1/4 ; en 1394, 87 fr. 8 gros ; en 1400, 68 fr. 12 gros, etc.

Nous avons dit précédemment que les banquiers juifs avaient l'habileté de déguiser leurs prêts usuraires sous la forme d'une vente, d'un échange ou de tout autre contrat licite ; cela leur était d'autant plus facile qu'ils avaient pour eux l'ignorance ou la complicité des notaires qu'ils employaient ; pour leur enlever cette ressource, le gouverneur Jacques de Montmaur, par ses lettres du 5 octobre 1395, confirmées par le roi Charles VI le 25 février suivant, fit défense à tous notaires de passer les actes des juifs et des Lombards, et commit, pour les recevoir exclusivement, un secrétaire delphinal, François Nicolet, auquel devaient être adjoints un certain nombre de notaires spécialement désignés à cet effet [1].

Le 19 mai 1396, le Conseil Delphinal était assemblé sous la présidence du gouverneur Jacques de Montmaur ; la Cour suprême du Dauphiné avait à sa barre deux vieillards de la religion juive, Sanson de Yenne, de Voiron, et Déothée Lévi, de Saint-Symphorien, qui venaient implorer sa clémence en faveur de leurs fils, que la Cour majeure du Viennois et de la Terre de la Tour avaient convaincus du crime de lèse-divinité. Nous résumons en quelques lignes l'acte d'accusation :

---

[1] *Archives de l'Isère*, Carton des juifs.

Le Jeudi-Saint de cette même année, qui était le 30 mars, Antoine Escoffier, ouvrier tailleur de Saint-Symphorien, se rendait dans la maison de Sanson de Jérusalem et de Perret Lévi pour leur rapporter deux pourpoints auxquels il avait remis deux paires de manches ; étant entré dans une des salles de la maison, il y trouva les juifs Crescent et Perret, et presque aussitôt arriva le juif Sanson qui ferma soigneusement la porte derrière lui. Tous les trois alors se mirent à railler le malheureux chrétien : « Qu'est devenu votre Dieu, lui disaient-ils ? Qu'en avez-vous fait ? Il est aujourd'hui crucifié, pendu et bafoué entre deux larrons ; il est mort » ; et en proférant ces paroles, ils élevaient le poing contre le tailleur qui se bornait à leur répondre qu'il attendait qu'on lui remît le prix de son travail ; puis, comme il ajoutait que si le Christ avait été crucifié, c'étaient les juifs qui avaient commis ce crime, les trois juifs continuèrent à le menacer du poing et lui dirent en raillant : « Alors, si nous sommes les bourreaux, c'est toi qui seras le crucifié. » Ils ajoutèrent encore diverses paroles injurieuses pour N. S. J.-C.

En raison de ces faits, les juifs furent traduits devant le juge de la Cour majeure comme coupables de séquestration sur la personne d'un chrétien et d'outrages à la Divinité. L'affaire parut assez grave pour être réservée au Conseil Delphinal, qui fit transférer les accusés dans les prisons de Grenoble et instruisit leur procès.

A cette nouvelle, les parents de ces jeunes gens s'émurent des conséquences terribles que pouvait avoir leur inqualifiable conduite et accoururent à Grenoble.

Confiants dans la toute-puissance de leur or, ils ne cherchèrent pas à excuser leurs fils et se bornèrent à demander qu'il ne leur fût infligé qu'une peine pécuniaire, celle-ci fût-elle très élevée ; après diverses procédures et enquêtes, ils purent emmener leurs enfants en payant une composition de 200 francs d'or [1].

Nous avons rapporté cet épisode, parce qu'il nous montre que, grâce à leurs richesses, les juifs pouvaient éluder les plus sévères pénalités et que, malgré le joug qui les écrasait, loin de conserver une attitude servile, ils ne laissaient pas de relever parfois la tête, de railler ou même de menacer leurs oppresseurs.

Menaces et railleries impuissantes ! tant était vigilante la magistrature delphinale, attentive à réprimer impitoyablement les moindres écarts ! Aussi ne faut-il pas s'étonner de l'âpreté de certains usuriers juifs et du taux excessif des intérêts qu'ils exigeaient de leurs emprunteurs. Les plus honnêtes prenaient un florin d'intérêt par an pour quatre florins prêtés, ce qui nous donne le taux de 25 0/0 ; ce taux paraît avoir été généralement admis sans protestations; mais plusieurs ne s'en contentaient pas : ils exigeaient un florin d'intérêt pour deux de principal, c'est-à-dire le 50 0/0, et cumulaient les intérêts tous les trois ou six mois avec le capital pour leur faire produire de nouveaux intérêts. Ces contrats usuraires étaient déguisés sous forme de vente de denrées, de façon à éluder les pénalités. Quelques-uns même négligeaient de rendre les actes ou de délivrer

---

(1) *Archives de l'Isère,* Carton des juifs.

quittance à leurs débiteurs lorsque ceux-ci les avaient désintéressés, en sorte que vingt ou trente ans après, les héritiers des juifs venaient réclamer un second payement avec les intérêts composés, ce qui, d'une dette relativement modeste faisait une somme énorme.

Ces faits odieux sont empruntés à une requête présentée, en l'année 1408, au gouverneur et au Conseil Delphinal par les syndics de la ville de Saint-Symphorien-d'Ozon [1]. Si le tableau qu'ils nous font n'est pas exagéré, on conçoit quelles ruines avaient pu accumuler de tels procédés usuraires ; c'est au nom d'un grand nombre de familles réduites à la misère par les usuriers juifs, que les syndics demandent aux autorités delphinales de faire la lumière sur ces actes et de ramener à un taux raisonnable l'intérêt exigé par les prêteurs d'argent.

Nous n'avons malheureusement pas la procédure d'information qui dut être faite par le juge mage du Viennois et Terre de la Tour, commis à cet effet par le gouverneur Guillaume d'Aire, le 13 septembre 1408. En l'absence de ce document, il nous est impossible de dire si les doléances des syndics étaient justifiées et dans quelle mesure il convient de généraliser les actes odieux qui y sont relatés. Ce qui nous paraît vraisemblable, c'est que, si de pareils errements ont pu être adoptés par quelques banquiers juifs de Saint-Symphorien-d'Ozon, il serait injuste d'en conclure que c'étaient là des habitudes communes à tous les comptoirs.

Au reste, comment les juifs auraient-ils pu être modérés et équitables avec les chrétiens, lorsqu'ils se

---

(1) *Archives de l'Isère*, Carton des juifs.

voyaient, en toute occasion, abominablement pressurés par ceux-ci ? Sachant l'inutilité de leurs réclamations, ils se résignaient le plus souvent à endurer sans mot dire les injustices et les avanies qui leur étaient faites ; mais cette patience forcée encourageant leurs persécuteurs, ils durent, en 1409 [1], élever la voix timidement, en suppliants, et exposer aux commissaires réformateurs sur le fait des ports, péages, passages, leydes et foires, les doléances des « *pauvres créatures de la loi judaïque* ».

Dans un certain nombre de tarifs de péages, les juifs, assimilés aux bêtes de somme et aux denrées, payaient un droit de passage ; toutefois, ce n'était pas un fait général et absolu : il y avait des barrières appartenant soit au Dauphin, soit aux seigneurs, et que les juifs pouvaient franchir gratuitement. Cela ne faisait pas le compte des péagers qui, ayant pris à ferme les droits de passage, cherchaient à en tirer de gros revenus ; de là des extorsions arbitraires et odieuses à l'égard des juifs, qui étaient contraints d'acquitter indûment des droits de péage onéreux pour leurs personnes.

D'autre part, voyant le Dauphin exiger annuellement un marc d'argent de chaque famille juive faisant un feu, les seigneurs en avaient fait de même pour les juifs qui habitaient sur leurs terres, en sorte que ces malheureux payaient doublement cette redevance déjà si lourde.

Comme s'ils eussent douté que le simple exposé des injustices qui leur étaient faites suffît pour émouvoir les autorités delphinales, ils insinuaient adroitement

---

[1] *Pièces justificatives.*

que, si le Dauphin ne portait remède à leur situation, ils seraient contraints de quitter le pays, ce qui, ajoutaient-ils, serait au grand préjudice et dommage de Monseigneur le Dauphin.

Cette dernière considération produisit son effet; les commissaires réformateurs écrivirent, le 15 août 1409, aux châtelains de Septème, Heyrieux, Chaponnay, Fallavier, Saint-Alban, Bourgoin, la Tour-du-Pin, Châteauvilain, Eclose, Aoste, Pont-de-Beauvoisin et Saint-Symphorien-d'Ozon, et leur ordonnèrent de citer à Grenoble tous les péagers établis dans leur ressort, pour y produire leurs titres et répondre aux accusations portées contre eux par les juifs.

Cette enquête eut-elle des résultats bien durables? Il est permis d'en douter, car, à partir de cette époque, le nombre des juifs du Dauphiné diminue sensiblement; les actes les concernant deviennent rares jusqu'à l'époque où le dauphin Louis (depuis Louis XI), comprenant leur utilité dans la province, s'efforcera de les y faire rentrer.

Les Etats-généraux de la province, interprètes des doléances du peuple, paraissent avoir nourri contre les juifs la même haine et le même mépris; c'est sur leur requête que le Conseil Delphinal décida, le 4 mars 1413, que les juifs seraient tenus d'avoir leurs temples, leurs fours, leurs puits et leurs marchés séparés de ceux des chrétiens, tant on craignait qu'ils ne fissent des prosélytes (1).

---

(1) *Statuta delphinalia*, f° 92. Cf. Fauché-Prunelle. *Institut. Brianç*. T. II, p. 379.

Les Etats protestaient encore contre les procédés usuraires et la mauvaise foi des juifs qui refusaient de rendre leurs obligations aux débiteurs qui les avaient désintéressés. Il fut décidé à cet égard que si, un mois après le payement, les juifs n'avaient pas restitué les actes, ils pourraient y être contraints par la force.

Les Etats de 1462 renouvellent les mêmes observations [1].

Nous avons précédemment indiqué ce qu'étaient les juifs sous la domination temporelle des archevêques de Vienne; un chapitre intéressant des Statuts synodaux d'Aymon de Chissé nous dira comment ils étaient traités par les autorités ecclésiastiques de Grenoble [2].

Dans cette ville, comme à Vienne, on tenait essentiellement à ce que les juifs ne pussent être confondus avec les chrétiens; dans ce but on leur ordonnait de porter de façon apparente sur leurs vêtements, au milieu de la poitrine, une roue de drap de diverses couleurs; les femmes devaient être reconnaissables à un signe distinctif placé à leur coiffure, qui, en les désignant aux insultes de la populace, les assimilait aux femmes publiques.

Le dimanche de la Passion et pendant la semaine sainte, il leur était interdit de se montrer en public et de tenir leurs portes et leurs fenêtres ouvertes; cette mesure avait pour but, disent les Statuts, d'empêcher le retour de scènes scandaleuses, certains juifs ne rougissant pas, dans ces jours de deuil, de se parer plus élégam-

---

(1) *Archives de l'Isère*, B. 2,905, f° 159.

(2) Voir *Pièces justificatives*.

ment que de coutume, comme pour insulter à la douleur des chrétiens.

Ils ne pouvaient avoir à leur service ni nourrice chrétienne, ni domestique chrétien, car il n'était pas juste que les fils de la femme libre obéissent aux fils de la servante ; de même il était interdit aux accoucheuses et nourrices chrétiennes de prêter leur ministère aux juifs.

On leur défendait encore de travailler publiquement le dimanche et de vendre de la viande pendant le Carême et les autres jours d'abstinence.

Les juifs qui contrevenaient à ces prescriptions étaient privés de la société des chrétiens, et les chrétiens, leurs complices, frappés de la censure ecclésiastique.

A côté de ces dispositions tyranniques que les mœurs générales de l'époque expliquent sans les justifier, nous trouvons deux articles véritablement inspirés par l'esprit évangélique : le premier défend de contraindre les juifs à recevoir le baptême, et le second décide que si un juif consent librement à se convertir, il ne doit point être dépouillé de ses biens, attendu, ajoute le rédacteur des Statuts, que la condition du converti doit être meilleure que celle qu'il avait précédemment.

C'était, en effet, une des bizarreries de la législation de cette époque qu'on dépouillait les juifs pour les forcer à se convertir et que, s'ils se convertissaient volontairement, ils encourraient la perte de tout ce qu'ils possédaient par une extension du droit de mainmorte [1].

---

[1] Bedarride. *Les Juifs en France*, etc., p. 234.

Nous n'avons pu découvrir aucun document qui nous permette d'indiquer, même sommairement, à quel degré de culture intellectuelle étaient arrivés les juifs du Dauphiné ; sans doute l'instabilité de leur situation dans notre province et les continuelles vexations dont ils étaient l'objet de la part des autorités ecclésiastiques et séculières ne leur permirent pas d'y fonder des écoles aussi célèbres que celles de Lunel et de Narbonne.

Continuellement absorbés par les intérêts de leur commerce, ils avaient peu de temps à consacrer à l'étude ; toutefois, ils ne se désintéressaient pas absolument du grand mouvement littéraire produit par les universités juives de la Provence et du Languedoc. Des colporteurs leur apportaient les savants commentaires de la Bible et les ouvrages de controverse ou de morale des rabbins du Midi. C'est ce que nous permet d'assurer un curieux document récemment publié par M. l'abbé Ulysse Chevalier, auquel notre histoire locale doit une si importante contribution.

Un colporteur juif avait, en 1416, essayé de passer en contrebande une certaine quantité de livres hébreux ; [illegible], les livres, paraît-il, étaient soumis aux droits de péage. Traduit pour ce fait devant la Cour delphinale de Chabeuil, où se trouvait le péage, le malheureux s'était vu condamner à la confiscation de ses manuscrits. Un inventaire en fut adressé à la Chambre des Comptes par les fermiers de la Cour et du péage, qui réclamaient chacun leur part dans les objets confisqués : cette part était le dixième pour le fermier de la Cour et le tiers pour celui du péage.

La pénurie de notre bibliothèque locale ne nous a pas permis de rechercher, comme nous l'aurions désiré, la nature des divers ouvrages portés dans cet inventaire; toutefois, malgré notre ignorance de la littérature rabbinique, il nous est facile d'y trouver ([1]), au milieu d'ouvrages qui nous sont inconnus, des recueils de prières, des manuels de morale, et des dissertations et des gloses sur la Genèse, les prophètes et le livre de Job. Cela suffit à nous montrer que les juifs du Dauphiné, sans être grands clercs, ne laissaient pas de consacrer à la lecture et à l'étude des livres saints les instants qu'ils pouvaient ravir à leurs occupations commerciales. A une époque où l'on était obligé d'inscrire dans les Statuts ([2]) qu'un chanoine devait savoir lire, ce n'était pas un mince mérite pour un marchand juif de pouvoir trouver du plaisir dans un pareil délassement.

Il nous faut aller jusqu'à l'année 1445 pour trouver dans nos archives dauphinoises un acte relatif aux juifs. Cette date nous fournit une lettre du gouverneur du Dauphiné, Raoul de Gaucourt, qui permet à David Lévy, habitant de Gap, d'exercer l'art de la médecine. Ce médecin juif s'était fait recommander auprès du gouverneur par le roi René de Provence, qui avait pu apprécier, peut-être personnellement, ses profondes connaissances et son extrême habileté ; de la Provence il s'était rendu en Dauphiné, où le gouverneur lui permit

([1]) Nous regrettons que M. l'abbé Chevalier, dont la science bibliographique est si étendue, n'ait pas jugé à propos, en publiant ce document, de nous donner au sujet de ces ouvrages les indications nécessaires pour en bien comprendre la nature.

([2]) Voir les Statuts synodaux d'Aymon de Chissé.

d'exercer sa profession dans les Baronnies, les comtés de Gap et d'Embrun et dans le Champsaur et le pays de Corps, jusqu'à cette ville inclusivement.

Toutefois, avant de commencer son ministère, le médecin dut prêter entre les mains de Jacques de Saint-Germain, licencié ès lois, prévôt de Saint-André de Grenoble et conseiller delphinal, le serment d'exercer honnêtement et loyalement son art, de se dévouer au soulagement des malades et de se contenter d'un modeste salaire. Ce serment solennel fut prêté par lui « *per Sema, Adonay, Elloemi, Adanai et Eal* ». Ainsi, malgré le profond mépris que les autorités contemporaines affectaient pour les rites et le culte juifs, elles ne laissaient pas d'emprunter à ces mêmes rites des formules religieuses destinées à assurer l'exécution des obligations qu'elles imposaient aux juifs. C'était là une application inconsciente et prématurée de cet adage moderne, que la loi doit être neutre en matière religieuse.

La licence accordée au juif Daniel Lévi était absolument gratuite ; cette générosité inaccoutumée aurait lieu de nous étonner si nous ne savions que, par suite des taxes exagérées imposées aux juifs, ces malheureux avaient dû, pour la plupart, abandonner des établissements qui, malgré leur prospérité, ne pouvaient leur fournir des ressources suffisantes pour satisfaire aux exigences sans cesse renaissantes du fisc delphinal.

Cette situation avait frappé le dauphin Louis (depuis Louis XI), dès son arrivée en Dauphiné : il avait constaté que des villes jadis florissantes par suite de la présence et du commerce des juifs, se trouvaient par le fait de leur départ dépeuplées et appauvries; c'était le cas de la petite ville de Crémieu : la colonie juive qui y entretenait le commerce et la prospérité avait en grande partie émigré, de là une diminution notable dans la population, dans les transactions commerciales et par conséquent dans les revenus delphinaux.

En 1441 ([1]), le gouverneur Raoul de Gaucourt, en leur renouvelant pour 7 ans leurs privilèges près d'expirer, avait exigé d'eux le payement d'une somme de cinquante florins qui avait été levée sur tous leurs coréligionnaires par les juifs Moïse Dandeli, fils de Jacob Dandeli, de Crémieu, et Aquinet Salomon, de Saint-Symphorien-d'Ozon. Avant l'expiration de ce terme, les juifs ayant émigré en grand nombre, il ne fallait plus songer à leur faire payer la concession de nouveaux privilèges ([2]); le Dauphin le comprit et, entrant dans une voie nouvelle, il déclara que tous les étrangers qui voudraient s'établir dans la ville de Crémieu seraient pendant vingt ans exempts de toutes tailles, dons et subsides; quant aux juifs, ils leur promit, s'ils voulaient reprendre leurs comptoirs dans cette ville, de n'exiger plus à l'avenir d'eux qu'une once d'argent fin au lieu du demi-marc auquel ils étaient précédemment taxés. Cette importante ordonnance fut rendue le 21 novembre 1449, dans la ville même de Crémieu où se trouvait le Dauphin et où il avait pu constater de ses yeux les terribles conséquences du départ des juifs ([3]).

([1]) Carton des juifs.

([2]) Voir *Pièces justificatives.*

([3]) Si l'on veut avoir une idée du degré de confiance que méritent les manuscrits de Guy Allard, on peut comparer avec l'acte que

Ce n'est pas la seule trace que nous ayons de l'intérêt qu'attachait le Dauphin à la présence des juifs dans ses Etats : un acte du 6 mars 1452 nous montre l'étendue des privilèges qu'il ne craignit pas de leur accorder pour se conserver cette importante source de revenus. A cette date, comme il se trouvait à Valence, les juifs de la région, instruits de sa bienveillance à l'égard de leurs coréligionnaires, déléguèrent auprès de lui deux des principaux d'entre eux, Moïse d'Avisan et Azariel de Basle, pour lui exposer leurs doléances.

Grâce à la tolérance des évêques de Valence, la colonie juive du Valentinois était assez prospère ; toutefois, les officiers subalternes ne laissaient pas de molester les juifs toutes les fois qu'ils en pouvaient trouver l'occasion ; sans doute ils pouvaient invoquer leurs privilèges, mais ces concessions, elles-mêmes, prêtaient à des interprétations et l'on en profitait pour retourner contre les juifs la vieille maxime judiciaire : « *favores sunt ampliandi, odia restringenda* ». D'autre part, leurs débiteurs abusaient des délais de cinq ans que les autorités locales leur accordaient trop facilement. De cet abus résultaient pour les juifs de grands embarras dans leurs recouvrements et des pertes sensibles.

---

nous publions aux pièces justificatives, l'analyse que ce fantaisiste historien en donne dans un de ses nombreux traités manuscrits, conservés à la Bibliothèque de Grenoble. « L'an 1448, le dauphin Louis les chassa de cette province : Crémieu en était tout plein, ce qui le rendit presque désert et obligea le Dauphin de leur permettre d'y venir habiter, leur promettant pendant 20 ans exemption de toutes tailles et subsides. » On ne peut traiter un texte avec plus de désinvolture !

Le Dauphin écouta d'une oreille favorable l'exposé de ces plaintes et, pour y remédier, prit les dispositions suivantes : après avoir confirmé les privilèges que ses prédécesseurs et lui avaient anciennement octroyés aux juifs, et déclaré qu'ils devaient être strictement observés suivant leur forme et teneur, il leur permit de poursuivre le payement de leurs créances nonobstant tous délais ou répits impétrés ou à impétrer, alors même que la majorité des créanciers consentirait à les accorder.

Ce droit de recouvrement devait s'appliquer non seulement au capital mais encore aux intérêts calculés par semaine suivant le taux fixé dans leurs privilèges : les juifs n'étaient tenus de rendre les obligations qu'après avoir été intégralement payés du capital et des intérêts.

Cet article nous montre qu'une ordonnance avait fixé pour les juifs une sorte de taux légal du prêt à intérêt et que les arrérages en étaient payables par semaine.

En considération des redevances multiples qu'ils étaient tenus d'acquitter soit entre les mains de l'Evêque de Valence, soit aux officiers du Dauphin, ce dernier réduisit à 2 gros l'imposition de 4 gros par tête à laquelle il les avait précédemment soumis : de plus il leur accorda des lettres de grâce pour tous crimes, délits ou maléfices qu'ils auraient pu commettre jusqu'à ce jour, enfin il réduisit encore les droits de chancellerie auxquels ils étaient taxés, et les soumit au tarif commun, sauf pour les lettres « *qu'ils impétreront pour leur propre fait singulier* », auquel cas « *ils payeront ce qu'ils ont accoutumé.* »

Cette importante charte de franchise réglait non seulement la condition des juifs du Valentinois, mais encore celle de tous leurs coréligionnaires du Dauphiné; bien plus, le Dauphin fit appel à tous les juifs qui voudraient s'établir dans ses Etats et leur promit les mêmes immunités, la même protection, à condition qu'ils consentiraient à se soumettre aux mêmes charges fiscales.

Malgré cet appel, les juifs, se défiant peut-être et à juste titre de toutes ces protestations, ne s'empressèrent pas de rentrer en Dauphiné; ceux qui s'y trouvaient s'efforcèrent de se faire oublier ; ils ne purent empêcher les mesures d'expulsion de les atteindre, si bien qu'à la fin du XVe siècle, il n'en restait plus guère que dans le Valentinois.

Dans un mémoire présenté au Roi par le président de la Chambre des Comptes, en 1486, il est fait mention de divers griefs tout nouveaux reprochés au juifs de Montélimar. Ce n'est plus seulement leur rapacité que l'on attaque, c'est leur immoralité : on les accuse de séduction, de proxénétisme et d'avortement.

Nous reproduisons intégralement le texte du mémoire :

« Item touchant les juifz qui demeurent à Montelhe-
« mart où il y a encores sept mesnagiers et trois à Saint-
« Paul, lesquelx usent de maquerelage et après ce que
« les femmes qui font pécher devyennent grosses, ilz
« leur donnent brevaiges pour leur fère vuyder leur
« fruyt.

« Item aussy les ditz juifz participent avecques au-
« cunes femmes crétiennes, et quant elles sont ensaintes,

« les font venir chez eulx, disant qu'elles ont quelque « grant malladie et leur donnent breuvages et méde- « cines tellement que l'enffant et mère en meurent.

« Item soubz umbre desditz juifs se font plusieurs « grans robatoires, pour ce qu'ilz dient avoir liberté de « tout povoir acheter, qui est aux habitants et autres « circumvoysins dudit Montelhemart dommaige irrépa- « rable.

« Item s'est trouvé entre lesditz juifs et en leur garde « une teste qui ressemble à filz ou à filhe, à longs che- « veulx, et tout appert par informations et aussi de plu- « sieurs grans cas et crimes.

« Demandent lesditz habitants et le procureur du Roy- « Daulphin, adjoinct aveques eulx, provision de justice « pour en fère fère la pugnition et les deschasser dudit « lieu, comme ilz ont esté des autres lieux du Dau- « phiné. »

Nous sommes arrivés au terme que nous avions assigné à cette modeste étude. A dater du XVIe siècle, l'histoire des juifs expulsés de France ne présente plus de traits saillants qui méritent de fixer l'attention.

Depuis ce temps-là, dit l'historien Chorier ([1]), il ne leur a plus été permis de faire résidence, ni de commerce dans le Dauphiné, ni dans le ressort de son Parlement, qui permit seulement aux juifs d'Avignon, par arrêt du

---

([1]) La jurisprudence du célèbre conseiller et jurisconsulte Guy Pape, dans ses *Décisions*. 2e édition. Grenoble, 1769, p. 1126.

17 juillet de l'an 1557, de passer et de repasser dans la principauté d'Orange pour leur commerce et d'y séjourner trois jours, à la charge de ne point dogmatiser. Mais, à l'égard du Dauphiné même, on ne leur y accorda de séjour que trois jours seulement, le Parlement l'ayant ainsi ordonné par arrêt du 10 de janvier de l'an 1665, de l'avis des Chambres, et cet arrêt leur enjoint d'en sortir après ce temps, à peine du fouet et de confiscation de leurs marchandises, argent et meubles ; l'édit du roi Louis XIII du 23 avril 1615 est la justification de cette rigueur.

II

Nous avons peu de choses à dire des diverses conditions sociales occupées par les juifs, pendant la période du moyen âge. Les canons des conciles que nous avons précédemment cités nous les montrent remplissant, comme leurs concitoyens chrétiens, les diverses professions de marchands d'esclaves, de bouchers, boulangers, etc. (1) ; mais, à partir du XIVe siècle, les juifs paraissent avoir

(1) Vienne était un grand entrepôt commercial où tous les marchands de Lyon et des villes environnantes allaient se pourvoir. Ces marchands étaient pour la plupart des juifs : c'étaient eux qui vendaient, dans toute la France, les parfums, les étoffes, l'épicerie et la bijouterie.

dirigé toute leur intelligence et toute leur activité vers le commerce de l'argent.

Toutefois, quelques-uns d'entre eux, élevés dans les écoles du Languedoc et de la Provence, venaient exercer dans le Dauphiné l'art de la médecine ; nous avons vu avec quelle faveur ils étaient accueillis par les populations et par les autorités : l'extrême rareté des médecins suffit à expliquer cette bienveillance inusitée.

Cette confiance paraît, du reste, avoir été pleinement justifiée par le mérite et le zèle des médecins juifs, car, dans toutes les accusations portées contre leurs coréligionnaires, nous n'avons pas trouvé un seul grief qui permette de mettre en doute leur compétence et leur dévoûment.

Les diverses entraves apportées au développement de leur commerce et les décisions canoniques qui interdisaient de leur acheter les produits de leur industrie forcèrent les juifs à chercher ailleurs les ressources dont ils avaient besoin : à une époque où le prêt à intérêt, condamné sous le nom d'usure, était réprouvé par la doctrine chrétienne, ils purent se créer sans concurrence une situation considérable en se livrant au commerce de l'argent.

Les aptitudes spéciales qu'ils y déployèrent ne tardèrent pas à attirer l'attention des autorités, qui leur confièrent le recouvrement de leurs diverses sources de revenus. Nous avons vu précédemment le Concile général de Lyon, et après lui, les Statuts provinciaux du Concile tenu à Vienne en 1289, essayer de réagir contre cette tendance des seigneurs delphinaux et leur défendre, sous la menace de l'interdit, de confier des charges fiscales aux juifs. Efforts inutiles, les juifs continuèrent à prendre à ferme les péages et les gabelles.

On sait en effet que les revenus divers des châtellenies delphinales, la leyde, le four, le moulin banal, le banvin, les gabelles étaient affermés à l'enchère ; celui qui offrait la plus forte somme assumait les chances et les périls de l'entreprise : ce système d'exploitation, qui est encore en usage pour certains octrois municipaux, ne laissait pas d'offrir de graves inconvénients, mais il avait pour le fisc delphinal l'avantage de lui rendre simple et facile la perception des multiples impôts indirects dont étaient grevés les roturiers du moyen âge.

Les juifs comprirent vite le parti qu'on pouvait tirer de ces entreprises exploitées par des mains habiles ; déjà les marchands italiens, désignés sous le nom de Lombards, leur rivaux en matière financière, les avaient précédés dans cette voie ; s'inspirant de leurs exemples, ils offrirent des surenchères élevées et s'associèrent avec leurs coréligionnaires, et parfois même avec des chrétiens, pour prendre à la fois plusieurs fermes qu'ils faisaient gérer par d'autres juifs à leur solde.

Des l'année 1313, nous voyons le juif Bonapena rendre compte du péage d'Ambérieu ; le 9 août 1331, deux juifs, Crescas Hendion et Fachon, s'associent avec un chrétien nommé Etienne Chardin, pour exploiter en commun les moulins delphinaux du Buis ; les fermiers jurent d'exécuter fidèlement les conditions du bail, le chrétien sur les Evangiles et les deux juifs sur un parchemin couvert de caractères hébraïques,

« *super quadam cartula litteris hebraïcis scripta* » [1].

Le 29 novembre 1332, la ferme du poids public, de la leyde du poids et de la leyde du sel de Nyons, avec les droits et courtages accoutumés, fut adjugée au juif Austurge du Puys, de cette ville, pour une année, à raison de 28 gros tournois d'argent [2].

Le 31 juillet 1338, trois juifs associés, Vital de Narbonne, Bonafoscia de Mirabel et Samilon affermèrent le péage, la leyde et le poids de Mirabel aux Baronnies pour le prix de 40 florins de Piémont [3].

En 1340, le 14 février, le juif Daniel Motet, de Briançon, rendait compte des revenus de la gabelle de cette ville devant les auditeurs des Comptes, séant à Saint-Marcellin ; le 28 février, un autre juif, Astrugone Massipi, présentait devant la même cour les comptes de la gabelle de Serre [6]. Ce personnage ne se renfermait pas exclusivement dans ses fonctions fiscales ; il avait été chargé de la construction de la halle et du château de Serre et même, détail piquant, de réparer l'église. Aussi jouissait-il de la confiance du Dauphin qui l'avait dispensé de toutes justifications pour les dépenses inférieures à 20 livres, son serment prêté suivant le rite mosaïque en tenait lieu [4].

Nous voyons le même juif rendre compte pour la même gabelle en 1348. A cette date il s'était associé

(1) *Archives de l'Isère*, B. 2865.
(2) *Ibid.*
(3) *Ibid.*
(4) *Ibid.*, B. 2809.

avec un chrétien nommé Bartole Canibi ([1]) : deux juifs avaient été chargés par eux des détails de la perception.

Dans le compte de Jean Mottet, juge des Baronnies en 1337, il est fait mention d'un juif qui remplissait les fonctions de clavaire ou receveur des émoluments du sceau.

On pourrait multiplier les exemples semblables, qui abondent dans les registres de la Chambre des comptes: malgré les persécutions auxquelles ils étaient en butte, les juifs continuèrent à exercer les fonctions de receveurs des péages et gabelles. Ce n'est pas que des protestations ne s'élevassent contre la rapacité de quelques-uns ; la tentation était forte pour ces malheureux, continuellement opprimés, de prendre leur revanche sur leurs oppresseurs; aussi ne faut-il pas trop s'étonner qu'ils aient apporté, dans l'exercice de leurs délicates fonctions, la même âpreté dont on usait à leur égard ([2]).

Dans une requête présentée vers le milieu du xve siècle à Mathieu Thomassin, chargé d'une enquête sur le fait des péages et gabelles, nous trouvons la trace de ces récriminations.

([1]) B. 2812.

([2]) Si nous en croyons une gracieuse communication de M. Joseph Roman, les juifs se seraient établis très anciennement dans cette petite ville : en effet, M. Roman nous assure avoir trouvé, dans des vignes non loin de Serre, un bloc de pierre non taillé portant en relief des caractères hébraïques. D'après MM. de Saulcy et Zottemberg, ce serait le tombeau d'un rabbin juif du XIIe siècle nommé Joseph.

« *Soit averty*, disent les suppliants, *sur ce que en aucuns lieux les juifs qui sont ennemis des chrestiens, sont exacteurs des péages et font de grans extorsions.* »

Des fonctions plus élevées furent parfois confiées à des juifs par les Dauphins qui ne craignaient pas de les charger de missions délicates pour lesquelles leur intelligence souple et déliée était d'un merveilleux secours; quelques-uns obtinrent l'honneur de faire partie de la maison delphinale; ils étaient gardiers et à ce titre dispensés de la marque humiliante de la rota. Enfin, nous avons vu l'un d'eux, Abraham Cassin, de Mornas, chargé par le gouverneur Guillaume de Vergy, de recouvrer au profit du fisc delphinal toutes les créances confisquées à ses coreligionnaires.

Ce sont là des faits rares : le plus souvent les juifs se renferment dans leur métier de négociant. Leurs comptoirs financiers, établis dans la plupart des centres populeux, rayonnaient dans tout le Dauphiné: on trouvait des « casanes », c'est ainsi qu'on les désignait, à Moirans, à la Tour-du-Pin, à Bourgoin, à Grenoble, à Goncelin, à Crémieu, à Morestel, à Montluel, à Revel, à Beaurepaire, à Saint-Marcellin, à Pisançon, à la Sône, à Saint-Nazaire, à Chabeuil, au Buis, à Briançon, à Saint-Bonnet, à Corps, à Mens et à la Mure. Mais les deux villes juives par excellence furent toujours Saint-Symphorien-d'Ozon et Vienne. Dans ces deux villes, ils avaient des maisons financières puissantes qu'ils se transmettaient de père en fils et qui comptaient dans leur clientèle les Dauphins et les ecclésiastiques eux-mêmes.

Leur commerce ne se bornait pas à l'argent : ils achetaient des immeubles, des bestiaux, des pelleteries, des denrées et particulièrement des blés qu'ils exportaient. Plusieurs d'entre eux eurent à compter avec la justice delphinale pour avoir contrevenu aux sages ordonnances qui, en temps de famine, interdisaient l'exportation des blés. Souvent aussi ils achetaient d'avance à un cultivateur sans ressources la récolte pendante ou même la récolte de l'année suivante. Ces sortes de contrats n'étaient pas sans exciter fréquemment les réclamations des cultivateurs, qui avaient trop largement escompté leurs espérances et qui, pour faire face à leurs engagements, se voyaient contraints d'acheter plus cher qu'ils ne les avaient vendues les denrées qui leur manquaient. C'est dans le but de remédier à cette situation et d'empêcher la ruine des agriculteurs, que les Dauphins avaient édicté que des sursis seraient accordés à ces malheureux débiteurs.

C'est sous la forme de ces ventes à terme que les juifs masquaient le plus fréquemment leurs prêts à intérêt. Ce n'est pas que ces opérations leur fussent interdites, car nous avons vu précédemment que de larges privilèges leur avaient à plusieurs reprises concédé le droit de prêter sur gage et même de vendre le gage lorsqu'ils n'étaient point payés à l'époque fixée ; mais les restrictions apportées à l'exercice de ce droit et les enquêtes vexatoires qu'ils avaient fréquemment à subir leur faisaient préférer cette manière d'opérer, qui, en rendant tout contrôle impossible, leur permettait d'élever à leur gré le taux des intérêts.

Ce taux, qui était de dix pour cent au moyen âge, paraît avoir été beaucoup plus élevé en Dauphiné : sans doute il faut faire la part de la rareté du numéraire à cette époque ; néanmoins, il est impossible de ne pas taxer d'usuraires des contrats où il était exigé cinquante pour cent et où les intérêts non payés se cumulaient tous les six mois.

Malgré ces procédés ruineux, les clients affluaient aux banques juives ; nous avons perdu la plupart des obligations confisquées au milieu du XIVe siècle, mais les débris qui nous en restent et que nous avons attentivement parcourus, suffisent à nous donner une haute idée de l'activité des établissements financiers de Saint-Symphorien-d'Ozon, de Vienne et de Grenoble. Nous citerons, parmi les banques les plus fréquemment nommées dans les actes, celle du juif Astrugon, de Serre, qui était le créancier des dauphins Henri et Humbert, celle d'Antoine Bassey, qui avait des comptoirs à Grenoble, Vizille et Vif, et celle des frères Cohen, établie à Vienne et à Saint-Symphorien-d'Ozon ; dans cette dernière maison, qui paraît avoir été le plus riche établissement financier de notre région, les femmes elles-mêmes, d'ordinaire si dédaignées dans la société juive, prenaient part aux affaires, et il n'est pas rare de les voir figurer au nom de la maison dans les contrats consentis par elle. Parmi les clients de cette banque, figuraient des clercs, des curés, des nobles et surtout des communes. Aussi n'y a-t-il pas lieu de s'étonner que les commissaires enquêteurs, chargés en 1389 de faire une perquisition dans la maison Cohen de Vienne, y aient trouvé des objets de grand prix, indice d'une existence opulente.

Cette brillante situation n'était pas commune à tous les juifs de notre région : un grand nombre d'entre eux, loin de s'enrichir, avaient grand'peine à subvenir à leurs besoins, tant étaient lourdes les charges fiscales qui les accablaient.

III

Le jurisconsulte Guy Pape, dans sa 395e décision, affirme que les juifs étaient imposés aux tailles suivant leurs facultés mobiliaires ; d'autre part, nous savons qu'ils étaient tenus d'acquitter les dîmes et les offrandes aux églises de leur résidence ; il est permis d'en conclure que, sauf de rares exceptions, ils étaient soumis aux mêmes redevances que les chrétiens. Mais, outre ces charges qui paraissaient déjà lourdes aux contribuables contemporains, ils étaient astreints à un certain nombre de taxes spéciales. Disons d'abord qu'un esprit d'étroite solidarité unissait entre eux tous les membres des communautés juives : tout nouveau venu prêtait serment devant ses frères de contribuer aux charges qui leur incombaient et d'avoir pour agréable tout ce qui serait décidé par eux dans leurs rapports avec le Dauphin (1).

Les impôts étaient collectifs ou individuels : dans le premier cas, la répartition se faisait par les soins des juifs eux-mêmes, au prorata des ressources de chacun ;

(1) Voyez à ce sujet un acte curieux, publié par M. l'abbé Chevalier dans ses *Documents historiques inédits sur le Dauphiné*, pp. 116 et suiv. (Bulletin de la Société de Statistique de l'Isère, 3e série, t. VI).

à cet effet, les représentants des communautés se réunissaient pour faire la déclaration de leurs biens ; cet état dressé (et on devait le renouveler assez fréquemment), les délégués fixaient la base de la répartition ; c'était, par exemple, un florin pour 11 ; restait la perception, dont se chargeaient les juifs les plus importants. Les sommes recueillies étaient versées entre les mains du Receveur Général, soit par les percepteurs eux-mêmes, soit par un personnage nommé Maître de la Loi, qui centralisait entre ses mains les recettes des divers percepteurs.

De l'examen des registres de comptes des trésoriers généraux et des châtelains du Dauphiné, il résulte que les juifs y ont été soumis aux taxes suivantes :

1° La *Censiva Casanarum.* C'était un impôt payé par les juifs à raison de leurs maisons de banques ; les Lombards y étaient également soumis ; elle variait suivant l'importance des établissements imposés. Nous la trouvons établie dès les premières années du XIVe siècle et jusque vers l'année 1350 ; à cette date, elle paraît avoir été remplacée par un impôt personnel nommé « *censiva judeorum* », qui, dans le compte du gardier de Vienne, pour l'année 1396, varie de six gros à un florin.

2° Le *Guidagium*, *Salvagarda* ou *Garda*, était un droit payé par les juifs qui se plaçaient sous la sauvegarde du Dauphin. Elle n'était pas spéciale aux juifs ; un certain nombre de chrétiens l'acquittaient aussi, lorsqu'ils prétendaient jouir des mêmes privilèges ; mais elle était indispensable aux juifs s'ils voulaient être protégés par les autorités delphinales. Elle était générale ou personnelle : dans le premier cas, elle s'appliquait à tous les juifs du Dauphiné ou à un groupe de juifs habitant la même ville ; le plus souvent elle était personnelle. Assez fréquemment, la « *garda* » imposait aux juifs une double redevance : 1° un droit d'intrage pour la concession des lettres de sauvegarde ; 2° un droit annuel qui variait suivant les individus et suivant la durée du privilège. Cette durée était de cinq ou dix ans; à l'expiration de ces délais, les juifs étaient obligés de demander une prorogation, et, partant, de payer un nouvel intrage.

Ajoutons que le privilège de la sauvegarde n'était pas toujours continuel. Nous le voyons, en effet, en 1370, attribué au juif Moïse Perrin pour trois jours sur quatre.

Le taux des droits de garde était extrêmement variable : c'était, sous Humbert II, une obole d'or ou douze sous; en 1385, nous voyons des juifs de Chabeuil taxés, les uns à une livre, les autres à six, quatre ou même trois gros ; d'autres fois, c'était un marc d'argent; enfin, c'était assez fréquemment une livre de cire.

3° Les *péages*. Les juifs étaient astreints, à raison de leur qualité, à payer des droits de péage assez élevés. La plupart des pancartes ou tarifs de péage contiennent, en effet, un article qui leur était applicable : à Saint-Symphorien-d'Ozon, un marchand à cheval payait quatre deniers ; un juif à cheval, 8 deniers ; une juive enceinte, huit deniers ; aux péages de la Serve et de Bourgoin, les juifs payaient un gros. Outre les péages delphinaux, il y en avait d'autres établis au profit des seigneurs locaux ; aux uns comme aux autres, les juifs étaient taxés deux fois plus cher que les autres passagers.

4° Les *droits de chancellerie*. Ils étaient sensiblement plus élevés pour les juifs que pour les chrétiens, comme nous avons pu le constater par les privilèges concédés à Valence, le 6 mai 1452, par le dauphin Louis. Ce prince ramena les juifs au taux commun, sauf pour les lettres qu'ils solliciteraient pour leur fait personnel.

Il convient de faire rentrer sous cette rubrique l'obligation où étaient les juifs de faire recevoir leurs actes par des notaires spéciaux, commis à cet effet, et qui ne manquaient pas d'exiger des honoraires plus élevés.

5° Les *concessions* ou *confirmations de privilèges*. Pour obtenir ces précieux avantages qui leur permettaient de vivre et de commercer librement, les juifs étaient tenus de verser entre les mains du fisc une somme assez élevée ; il en était de même lorsque la durée de la concession était terminée. Or, comme elle était généralement octroyée pour cinq ans, cette redevance revenait périodiquement tantôt plus élevée, tantôt moins, suivant le degré de prospérité des établissements juifs et les exigences du trésor.

Il y avait en Dauphiné une charte juive type que toutes les autres communautés désiraient obtenir : c'était celle de Saint-Symphorien-d'Ozon ; aussi devait-on payer un droit d'intrage plus élevé pour en acheter la concession.

6° Les *pensions* ou *tributs*. Outre le droit d'intrage dont nous venons de parler, les juifs, munis de privilèges, devaient acquitter chaque année une redevance désignée sous le nom de pension ou tribut. De même que la garde, ce droit était tantôt collectif, tantôt individuel, suivant que la concession de privilèges s'appliquait à un groupe ou à un particulier. Dans le cas où il était collectif, la répartition en était faite par les juifs eux-mêmes, sans aucune ingérence des autorités delphinales. C'est ainsi que nous avons vu les juifs de Vienne payer à Humbert II une pension annuelle de 30 florins.

7° Les *droits de marché, de cimetière, de synagogue*. Les ordonnances delphinales prescrivaient aux juifs d'avoir un marché spécial où n'étaient pas admis les chrétiens, de là un nouveau droit à acquitter ; d'autre part, toute communauté avait son cimetière et sa synagogue et payait de ce chef un cens qui était d'un florin pour les juifs de Vienne et de Saint-Symphorien-d'Ozon.

8° Les *subsides*. C'étaient les dons gratuits des communautés juives. Nous avons vu précédemment qu'Henry de Villars, sur les conseils du Pape, en obtint un de 1,000 florins en 1345, moyennant quoi il permit aux juifs de séjourner en Dauphiné, nonobstant l'ordonnance d'Humbert II qui les avait expulsés. C'est encore sous la menace de l'expulsion qu'un subside de 10,000 francs fut levé sur eux en 1390 et un autre de 2,000 francs, en 1391.

9° Le *marc d'argent*. Cet impôt, établi par lettres royales du 29 décembre 1388, consistait dans le payement d'un marc d'argent fin par feu. Il subsista jusqu'au milieu du xve siècle, mais, chaque année, les sommes qu'il produisait allèrent en décroissant. Après avoir été diminué de moitié, il dut être réduit à une once d'argent par le dauphin Louis, pour les habitants de Crémieu ; en 1390, il fournissait au fisc une somme de 150 francs.

10° Les *amendes* et *compositions pécuniaires*. A une époque où les accusations les plus absurdes obtenaient du crédit lorsqu'elles étaient portées contre des juifs, une telle source de revenus devenait productive ; en effet, si l'on a observé dans le cours de ce récit les diverses pénalités infligées aux juifs, on a dû remarquer qu'elles sont presque toutes pécuniaires. Ainsi, nous voyons les juifs admis à composer pour délits d'usure, c'est le cas le plus fréquent, pour avoir fait rédiger à un notaire des actes faux, pour avoir changé sans autorisation le lieu de leur résidence, pour avoir contrevenu aux ordonnances interdisant l'exportation des blés, pour injures aux magistrats, pour défaut de se présenter en jugement, pour maléfices perpétrés, etc.

Le taux de ces compositions est généralement très élevé ; c'est ainsi que nous voyons le juif Croissant, de Crémieu, payer, en 1389, la somme énorme de 2,500 fr. pour certains maléfices perpétrés. Ajoutons que les juges delphinaux étaient assez enclins à rendre les communautés juives responsables de la faute de l'un de leurs membres pour pouvoir élever le chiffre de l'amende.

11° Les *emprunts forcés*. Les juifs étaient considérés par les Dauphins de la maison de la Tour-du-Pin comme leurs banquiers naturels ; mais il ne paraît pas qu'ils aient apporté beaucoup d'exactitude à les rembourser de leurs avances. Aussi, lorsqu'en 1333, la dauphine Béatrix convoqua tous les juifs à Saint-Marcellin pour leur emprunter les sommes nécessaires au retour du nouvean Dauphin dans ses Etats, les juifs de Gap, qui savaient ce qu'étaient ces sortes de prêts, préférèrent offrir à la régente un don gratuit de dix florins. Quelques années plus tard, Humbert II eut encore recours à eux pour leur emprunter les sommes nécessaires à son voyage d'outre-mer. On sait comment il les remboursa quelques années après, en prononçant la confiscation de leurs biens.

12° La *confiscation*. Elle se produisit sous diverses formes. Elle fut générale en 1348 : on sait que l'absurde accusation d'avoir empoisonné les fontaines et d'être ainsi la cause de la peste qui désolait le Dauphiné et l'Europe, servit de prétexte à cette mesure. Le produit de la vente des biens des juifs et le recouvrement de leurs créances dut faire entrer dans le trésor delphinal des sommes considérables, si l'on en juge par les renseignements épars que nous donnent les actes. Mais, si cette odieuse pénalité ne fut appliquée qu'une fois en Dauphiné pendant cette période, des confiscations individuelles y furent assez fréquemment prononcées ; ainsi, il y avait confiscation après toute condamnation emportant la peine capitale. D'autre part, ne peut-on nommer des confiscations ces perquisitions domiciliaires, par lesquelles on enlevait subitement aux juifs tous leurs titres de créances, ces ordonnances qui accordaient à leurs débiteurs des délais excessifs, ou même leur interdisaient de se libérer, ces conventions par lesquelles le Dauphin se substituait à leurs débiteurs, sauf à ne pas les payer ?

Tel est, en résumé, le puissant arsenal d'armes fiscales que les autorités delphinales ont, pendant une période de deux siècles, forgé contre les juifs. Faut-il s'étonner que ces malheureux, malgré les ressources qu'ils trouvaient dans leur commerce et parfois, il faut le reconnaître, dans l'usure, se soient déclarés vaincus et, qu'abandonnant notre coûteuse hospitalité, ils soient allés chercher ailleurs un foyer moins précaire et un établissement plus lucratif.

PIÈCES JUSTIFICATIVES

XIVe SIÈCLE

Libertés et franchises en faveur des juifs du Valentinois (ou plutôt du Comtat Venaissin), en XXIII articles.

I^us articulus continet quod judei possint mercari, emere, vendere, deponere et pecunias suas cum et sub vadiis et instrumentis, vel sine, prout voluerint, mutuare impune, etc.

II. Quod eis credatur eorum juramentis super et de summis pecunie seu rerum aliarum per eos mutuo datis, et quod ipsa ipsi pignora vendere seu vendi facere possint ad inquantum, vocata parte, coram judice.

III. Quod si contingeret ipsos aliquid debitum petere quod solutum reperiretur, non possint puniri ratione indebite pecunie seu clamoris, dum tamen ipsos appareat justam habere ignorantie causam.

IV. Quod si contingeret ipsos aliquid injustum petere et exhigere scienter, seu suum debitum bis scienter recuperare, puniri non possint nisi in triplo debiti.

V. Quod, casu quo illi contra quos bis, ut supra, non essent subdicti comitatus, nichil possit prosequi contra eos.

VI. Quod non procedatur contra eos per viam inqueste, nisi precedente denonciatore qui se pene tallioni astringat, et quod pro quocumque delicto non capiantur, nisi precedente informatione, ut de jure fieri debetur.

VII. Quod nullus judeus ad fidem xristianam conversus non admictatur ad testimonium contra ipsos judeos, nec ad aliquam accusationem pro quocumque crimine contra ipsos fiendam.

VIII. Quod nullus judeus pro quocumque delicto incarceretur, ubi cavere poterit, nisi casus esset quod punitio vinditam exigeret personalem.

IX. Quod non solvant pedagia nec leydas pro personis, equis et suppellectibus ad usum domorum suorum, nisi pro mercimoniis ad vendendum.

X. Quod sint quicti ab omnibus taliis, corvatis, bannis, cavalcatis et aliis rusticalibus tributis, exceptis censiva annua, pensione et aliis tributis ad que tenentur singulis annis.

XI. Quod nullus debitorum suorum admittatur ad cessionem bonorum, nisi fiat in camisia et femorariis supra lapidem existens... ...ascendatur et alius juris ordo totaliter servetur et aliter fiat, non teneat.

XII. Quod fruantur et gaudeant consimilibus libertatibus et franchesiis quibus subditi comitatus utuntur.

XIII. Quod possint tenere synagogam et servire Deo secundum eorum legem.

XIIII. Quod possint in macello emere et excoriare quecumque animalia libere et absque conditione.

XV. Quod sepelire possint mortuos in locis statutis et solitis, juxta eorum morem, solvendo tres grossos pro quolibet, prout consueverunt.

XVI. Quod non teneantur portare signum in suis indumentis nec ad hoc compelli possint.

XVII. Quod possint facere exhactores talliarum suarum et eos destituere, juxta morem aliorum judeorum patrie Veneyssini (1).

XVIII. Quod possint emere vina et vindemiam pro eorum provisione et ea vendere ad grossum vel ad minutum, pro eorum necessitatibus.

XIX. Quod possint cedere debita sua et cessionem facere de eisdem certis aliis judeis ibidem nominatis sine licentia et reprehensione.

XX. Quod possint portare et exequi facere eorum processus et litteras ubicumque, nulla petita licentia ab officiariis locorum, etc., et quod a subdictis non exigant pro portu nisi modicum salarium consuetum pro servientibus.

XXI. Quod non teneantur facere excubias, nec custodire portas, nec contribuere in talliis fiendis inter communitates locorum suarum mansionum.

XXII. Quod possint pro debitis Domini facere tallias inter se et se congregare et recusantes solvere compelli facere.

XXIII. Quod non possint compelli morari in aliquo loco, quod possint manere et recedere ad eorum voluntatem.

(*Archives de l'Isère*, B. 2988, f° 361).

---

(1) Il nous paraît résulter de cette mention que les franchises dont nous reproduisons l'analyse sommaire s'appliquaient aux juifs du Comtat Venaissin et non à ceux du Valentinois; aussi, malgré le titre de ce résumé que nous empruntons à un des registres de la Chambre des Comptes, n'en avons-nous tenu aucun compte dans l'étude qui précède.

Littera pro Salamino de Bisancey, judeo.

Romans, 13 décembre 1346.

Henricus, etc..., dilectis nostris judici Viennesii et castellanis Morasii et ceteris ad quos presentes littere pervenerint vel eorum locatenentibus salutem et dilectionem. Exposuit nobis graviter conquerendo Salaminus de Bisancey, judeus, quod, religiosus vir prior prioratus de Mura et fidejussores ejus Peronetus Rolfeti et Guionetus Raffini de Morasio erga ipsum judeum, sicut asserit, justis et efficacibus titulis in pluribus pecuniarum quantitatibus obligati, egestate nobis in fraudem ipsius creditoris suggesta, quanquam sint mobilibus et immobilibus facultatibus opulenti, ut sub pretextu favoris, quo ex causa necessitatis et sterilitatis fructuum miserti sumus pauperibus, prohibendo ne in bladis, vinis, animalibus, fructibusve ipsorum pauperum usque ad fructus novos quominus pro sustentatione hospitiorum suorum, seminibus faciendis et censibus solvendis, substantia remaneat sibi salva executio fiat, solutiones dicto judeo debitas minus debite protrahant, consimiles a nobis in forma pauperum litteras impetrarunt, supplex sibi judeus ipse super hec postulans provideri; unde cum sicut nec justum est calumpniantibus prodesse calumpniam, sic nec decet eas cognitas sustinere, vobis et singulis vestrum districte precipiendo mandamus quatinus, premissis nitentibus veritate, dictos obligatos et reos facientes effectu dolosarum impetrationum carere ad satisfaciendum, eis non obstantibus, dicto judeo de hiis in quibus sibi reperientur teneri lege, vocatis evocandis, summarie et de plano compellatis, prout in quantum fuerit viribus et remedio opportunis.

Datum Romanis die XIII mensis decembris anno Domini M CCC XL sexto. Reddite litteras portitori. Per Dom. assistentibus dominis Lant. Aynardi, Stephano de Ruffo, Francisco de Cagnio et Reymundo Falavelli expeditum. — J. Nicoleti.

(*Archives de l'Isère*, B. 3218, f° 45).

Procédure contre les juifs de Vizille, accusés d'avoir empoisonné les fontaines.

21 juillet 1348.

Stephanus de Ruffo, miles et legum doctor, consiliarius dalphinalis, judex major Graysivaudani, notum facimus universis quod nos, una nobiscum nobili et circonspecto dom. Reymundo Falavelli, jurisperito et consiliario dalphinali, ac discreto viro Johanne Maynardi de Argenteria, notario, de presenti mense, nuper venimus apud Visiliam, ad inquirendum contra judeos et judeas dicti loci captos et arrestatos in castro loci ejusdem, quia tossicum et pulveres venenosos in aquis, fontibus, puteis et victualibus, quibus christiani utebantur, posuisse et poni fecisse dicebantur, de quibus sunt et erant publice diffamati ; maxime quia super hoc quod justitiam ministraremus de predictis judeis et aliis judicature nostre de premissis accusatis, litteras speciales a dom. nostro domino Viennensi Dalphino receperamus et quod pro predictis inquirendis et inquisitione super hoc diligentur facienda contra predictos judeos et judeas, stetimus ibidem apud Viziliam, una nobiscum predictis dom. Reymundo et Johanne Maynardi et nostris et familiaribus eorumdem et notario Curie de Visilia, cum etiam equis nostris et predictorum dominorum Reymundi et Johannis, spatio decem dierum continuorum, quo spatio vacando circa premissa et omnibus computatis expendimus ibidem... triginta septem libras, decem septem solidos, duos denarios cum obolo monete nunc currentis, quam pecunie quantitatem de mandato nostro traxit et deliberavit Petrus Macelli, vice-castellanus dicti loci Visilie pro nobili viro domino Guigone Toscani milite, castellano loci ejusdem, et quam pecunie quantitatem exigi et recuperari volumus et mandamus per dictum vice-castellanum et sibi retineri in solutum pro predictis de quibuscumque debitis et bonis mobilibus judeorum predictorum, una etiam cum expensis factis per Johannem Freti, Poncium Alardi, Petrum Lupi........, qui Chotum de Provins, Meretum, Mossetum, Amendam, Vivandum, Chotum de Pogeto et Raphaelem Aurideum et Areminum, judeos, de mandato nostro ab aliis a castro dicti loci Visilia infra villam segregatos, ad plenius eruendam veritatem ab eisdem, et alios remanentes infra dictum castrum, die et nocte, custodiverunt per spatium predictum, quo ibidem apud Visiliam stetimus pro inquisitione predicta facienda contra judeos memoratos.

Datum die XXI mensis julii, anno Domini M CCC XL octavo.

(*Archives de l'Isère*, Supp. B. Carton des juifs). — (Cf. Valb. *Hist. du Dauph.* T. II, p. 581. Le texte y est tronqué vers la fin.)

Privilèges accordés par le dauphin Charles à quelques juifs de Saint-Symphorien-d'Ozon.

Lyon, 6 août 1355.

Karolus primogenitus Francorum regis, dalphinus Viennensis, et comes Pictaviensis, notum facimus universis et singulis tam presentibus quam futuris, quod nos, ex certa nostra scientia, Savarinum Raffaelem et Sansonium ejusdem Savarini filios, Symonium et Savarinum de Ponte-Yndis et Mosse de Revello, judeos, habitatores Sancti Symphoriani de Auzone et quoscumque alios judeos et judeas nunc inibi habitantes, solventes et solvere assuetos gardam nobis et predecessoribus nostris, et eorum quemlibet, una cum uxoribus, liberis, familia servitorum, rebus et bonis eorum et cujuslibet eorumdem, in nostra salva gardia recipientes, protectione, guidagio pariter et conductu, eisdem et eorum singulis libertates, privilegia et immunitates concedimus que sequuntur :

In primis siquidem concedimus eisdem quod, quandocumque continget quod aliquis ipsorum migrabit ab hoc seculo, possit pro sue arbitrio voluntatis de bonis suis universis et singulis, mobilibus et immobilibus et se moventibus ac aliis quibuscumque ordinare, legare codicialiter, testari et disponere in quascumque personas voluerit, sicut unus faceret xristianus, et nos ipsos judeos, pro se et eorum successoribus, a manu mortua liberamus, absolvimus penitus et quittamus et dispositiones eorumdem, quantum ad nos pertinet et pertinebit, ratas et firmas tenere et servare promittimus bona fide.

Si vero intestati vel intestate decederent, nullo testamento vel ordinatione factis, volumus et eisdem concedimus, prout superius est expressum, quod bona ipsorum mobilia et immobilia et quecumque alia ad liberos ipsorum masculos et femellas pertineant, pleno jure, et si liberos non haberent, ad proximiorem vel proximiores sui generis usque ad quartum gradum predicta bona totaliter devolvantur, ita quod ille vel illi, ad quem vel ad quos predicta bona pervenire contingerit, ipsa possit apprehendere, habere, tenere et paciffice possidere, sine contradictione et aliquo impedimento baillivorum, judicum vel castellanorum nostrorum, qui nunc sunt et pro tempore fuerint.

Volumus insuper et dictis judeis concedimus quod, si aliquis ipsorum de vita ad mortem veniret, nullo ipsius condito testamento, nec constaret qui esset proximior ejus heres, quod bona ipsius capiantur per castellanum nostrum et custodiantur ad consilium trium proborum judeorum, ad salutem ipsius ad quem debuerint pertinere et, quam cito constabit ad quem pertinere debebunt, eidem restituantur integre dicta bona.

Item concedimus eisdem judeis pro se et heredibus atque successoribus quod ipsi possint per totam terram nostram et districtum emere et acquirere, quocumque titulo, domos, prata, nemora, servicia, usagia et hereditates et quecumque alia bona mobilia et immobilia et ipsos et ipsa tenere et possidere cum suis oneribus et quocumque titulo alienare, in testamento vel extra, ut eis placuerit, sicut facere posset aliquis burgensis illius loci in quo predicta sita essent; et predicta dicimus et concedimus, salvis semper usagiis in rebus nostris et dominorum a quibus predicta tenerentur, ita quod nos vel gentes nostre predictas acquisitiones, venditiones et alienationes ratas et firmas habere et tenere debeamus et non contra venire, nec venienti consentire.

Item quod ipsi possent in terra et per totam terram nostram et districtum, de denariis et denariatis suis mercari, negotiare, commodum et avantagium suum facere, prout voluerint et sibi viderint expedire, licite tamen et honeste.

Item ipsos et eorum heredes a cavalcatis, exercitibus, gaytis, eschargaytis et a talliis que fierent pro communitate alicujus ville de terra nostra, liberos esse volumus et immunes; quilibet tamen locum suum quem inhabitaverit deffendere teneatur et onera debita pro rebus quas acquisiverit vel acquiret subire etiam teneatur.

Item concedimus eisdem quod pro pontanagio, leyda, eminagio seu companagio solvere teneantur, sicut burgenses locorum in quibus morabuntur et non aliter.

Item quod si contingeret quod dicti judei super petitionibus debitorum suorum intentionem non probarent, vel si probaret eorum adversarius solutionem inde ipsis fuisse factam, quod dicti judei super hoc non puniantur, nisi quantum xristiani propter hoc punirentur vel admissionem debiti petiti.

Item concedimus eisdem quod nemo ipsorum possit ab aliquo gentium nostrorum capi vel incarcerari pro re aliqua, dum dictus judeus paratus fuerit in terra nostra facere justicie complementum, et fidejussionem super hoc fecerit per fidejussorem competentem.

Item quod si ipsi vel aliquis de familia ipsorum aliquid delinquerent vel forefacerent, nolumus ex facto vel delicto hujusmodi alterum inculpari, sed forefactum vel delictum in rebus et personis delinquentium.... puniatur et alii sint.... liberi et immunes; volentes et eisdem concedentes quod bona alicujus ipsorum, ratione delicti vel contractus, non saysiantur vel publicentur, qui paratus fuerit, ratione ipsorum delictorum vel contractus, coram nostra curia juri parere et facere justicie complementum.

Item volumus et concedimus eisdem quod appellum duelli factum contra ipsos vel familiam eorum nullathenus admictatur, nec ipsum prosequi teneantur.

Item volumus quod aliquis baillivus, castellanus, familiaris. vel officiarius noster, vel alius, quicumque sit, non possit aliquid capere, saysire, sequestrare seu arrestare, quod sit in domibus ipsorum, contra voluntatem eorum, dum parati fuerint coram curia nostra facere justicie complementum.

Item volumus et ordinamus, quod si aliquis ipsorum judeorum de aliquo malificio fuerit inculpatus propter quoddam maleficium, si commissum reperiatur, ipse judeus corporaliter puniri non deberet et ipse judeus paratus sit cavere ydonee de eo in quo inculparetur de parendo cognitioni curie nostre, quod propter ipsum maleficium non capiatur, vel captus detineatur, sed cautioni commictatur.

Item statuimus et ordinamus quod nullus officiarius noster tam audax reperiatur qui super aliquo maleficio cum aliquo dictorum judeorum compositionem aliquam facere audeat sine consensu nostro vel locumtenentis nostri, sed volumus quod inquisitio legitime facta super hoc malefacto per aliquem dictorum judeorum perpetrato, deffensione ipsius sufficienter audita, dictus judex nobis remictatur, una cum actis tam inquisitionis quam deffensionis.

Item volumus et ordinamus quod aliquis dictorum judeorum non possit subponi questionibus, nisi nostro speciali mandato vel sententia nostri judicis precedente.

Item quod si aliquis judeus, commorans in terra nostra pensionem nobis debitam per dictos judeos annuatim pro rata non solvat, quod ad requisitionem trium meliorum judeorum loci habitationis ipsius judei vel proximioris dicte habitationis, per gentes nostras et officiarios penes quos inventus fuerit, a terra nostra expellatur seu exulletur, nisi per nos aliter ordinetur.

Item statuimus quod si aliqui dictis judeis clam vel palam minas intulerint, quod illi qui hoc facerent, compellantur per captionem bonorum suorum et alias, ut fortius commode fieri poterit, ad fidem et fiduciam eisdem judeis sufficienter cognoscendam.

Item statuimus et ordinamus et sic observari precipimus et mandamus quod omnes persone reperte per instrumenta vel litteras sigillo nostre curie sigillatas vel sigillata, breviter et de plano, sine figura alicujus judicii, dictis judeis vel alicui ipsorum vel alteri eorum nomine, aliquid promississe facere vel solvere certo termino vel forte sine terminis, compellantur per officiales et justiciarios nostros, prout unicuique eorumdem ipse persone subdicte fuerint, ad observandum premissa et jurata, nisi ipse persone litterarum vel instrumentorum vel aliam probabilem falsitatem proposuerint, solutionem et quictationem, et infra quindecim dies subsequentes probaverint; precipientes vobis officialibus nostris ut ipsam compulsionem faciatis incontinenti post requisitionem vobis super hee faciendam per dictos judeos vel aliquem ipsorum seu aliquem de familia eorumdem.

Item statuimus et ordinamus quod aliqua persona non recipiatur nec audiatur nec dilationem dictorum quindecim dierum habeat aliquam dictarum exceptionum proponendi, nisi juraverit ad sancta Dei Evangelia corporaliter quod ipsam exceptionem non proponit animo calumpniandi, sed quia credit ipsam fore veram et eam proponit se eam posse probare.

Item statuimus et ordinamus quod si aliqua persona aliquam predictam exceptionem proposuerit et non probaverit, ut supra, quod compellatur restituere illi persone, contra quam proposita fuerit, omnes expensas quas juraverit persona contra quam proposita fuerit vel ejus procurator se fecisse ratione dicte oppositionis seu propositionis, taxatione tamen ballivi, judicis vel castellani interveniente.

Item statuimus et ordinamus quod si aliquis se obligaverit in aliquo instrumento vel littera sigillo curie nostre sigillato vel sigillata, et voluerit quod possit capi, si non observaverit premissa et jurata, nec justam deffensionem, ut supra, fecerit, quod ad requisitionem creditoris vel ejus certi nuncii, personaliter capiatur per officialem, in cujus officialiatu repertus fuerit, et tamdiu captus detineatur quousque observaverit premissa et jurata vel bonis suis integraliter cesserit.

Item statuimus et ordinamus quod dicti judei pignora que eis impignorabuntur restituere alicui non teneantur, nisi prius debite pecunie fiat eis justa satisfactio cujuscumque conditionis existat.

Item statuimus et ordinamus quod aliquis officiarius noster non exaudiat aliquam personam contra ipsos judeos vel eorum familiam super dictis contractibus, quominus eis solvantur eorum capitalia, dampna, expense et interesse etiam sine juramento debita et debite, et pene in ipsis contractibus adhibite, si fuerint juramento promisse, cum ad observationem juramentorum observandorum, tam canonice quam civiles nos moveant sanctiones et inducant, ut sic homines a perjuriis conquiescant; et hoc, nisi proponerentur exceptiones juste, utpote solutio, innovatio vel falsitas instrumenti; et ea locum habere volumus in omnibus casibus tam preteritis quam futuris.

Item volumus et eisdem judeis concedimus quod postquam pignus quod acceperint super eorum debitis et per annum et diem custodierint continuum, nulla facta innovatione debiti pro quo pignus extiterit obligatum, dictum pignus ex tunc in antea vendere possint, debitore tamen prius super hoc requisito.

Item si per aliquam personam erga dictos judeos pignus aliquid impignoratum fuerit, quod reperiretur esse alterius quam impignorantis, propter ea dicti judei nullam penam incurrant, nisi tamen tempore impignorationis eorumdem, dicti judei scirent illud pignus alterius esse quam tradentis, ipsumque pignus restituere non cogantur, donec sibi solutum esset pretium pro quo esset impignoratum, sine dolo tamen et fraude, et sine aliquo emolumento accipiendo ultra sortem.

Item quod ipsi judei possint ire, redire, mercari et negotiare licite per totum Dalphinatum et terram nostram quamcunque, solvendo tamen pedagia, tributa, et alia deveria consueta, morari tamen et habitationem eorum facere nequeant nisi dumtaxat in loco predicto Sancti Symphoriani, vel alia terra nostra nobis a Comite Sabaudie in Viennesio permuctationis titulo vendicata.

Predicta siquidem omnia et singula concedentes judeis antedictis usque ad decennium futurum proxime et non ulterius duratura; ita quod interim, anno quolibet, dictus Savarinus, Raphael et Sansonius ejus filii, tres florenos auri boni ponderis, et dicti Symoninus et Savarinus, fratres, unum florenum boni ponderis, et Mosse de Revello supranominatus, unum florenum auri boni ponderis, et alii quicumque judei qui non sunt superius expresse nominati, quilibet eorum pensionem annuam, pro garda eorum, quam et quemadmodum ipsi omnes solvere consueverant Comiti Sabaudie, tempore quo ejus subjiciebantur dominio, nobis seu castellano nostro Sancti Symphoriani predicti, garde nomine, solvere teneantur; pro quaquidem concessione confitemur et recognoscimus habuisse et recepisse a dictis judeis ex causa intragii, per manum Bertrandi de Clauso, thesaurarii nostri, centum florenos auri nostri ponderis dalphinalis.

Mandantes itaque locum nostrum tenenti et universis et singulis nostris ballivis, judicibus, procuratoribus, castellanis et ceteris officialibus et justiciariis quibuscumque nostris, qui nunc sunt et pro tempore fuerint vel eorum locatenentibus, quatinus privilegia, libertates, immunitates et franchesias predictas in omnibus et singulis capitulis et clausulis eorumdem observent, actendant et exequantur viriliter ipsis judeis et cuilibet eorumdem, nec quicquam presumant in contrarium quoquomodo ; quod si forsan factum fuerit vel fieri contingerit in futurum, id volumus et mandamus incontinenti ad statum pristinum et debitum revocari juxta formam nostre concessionis predicte.

Datum Lugduni sub sigillo nostro, quo ante susceptum per dominum nostrum genitorem nostrum regni sui regimen utebamur, die vi^a mensis augusti, anno domini millesimo CCC° quinquagesimo quinto.

Per dominum comitem Valentinensem, locumtenentem dicti dom. nostri Dalphini orethenus, assistente domino cancellario, expeditum : H. P.

Ita est per copiam : Johannes Guillioni.

(*Arch. de l'Isère*, Série B. Carton des juifs).

Saint-Symphorien-d'Ozon. — 7 février 1360.

Guillelmus de Vergeyo, dominus Mirabelli, locumtenens illustris principis domini Karoli Francorum regis primogeniti, dalphini Viennensis, notum facimus universis presentes litteras inspecturis quod nos, visis libertatibus et privilegiis concessis Savarino, Raphaeli et Sansonio ejusdem Savarini liberis, Symonino et Savarino de Ponte et Mosse de Revello, judeis, habitatoribus Sancti Symphoriani de Auzone, nec non quibuscumque judeis aliis ibidem habitantibus, gardam domino nostro Dalphino solvere consuetis, per dom. Valentin. comitem, olim locumtenentem dicti domini nostri, quarum libertatum littere hiis nostris presentibus sunt annexe, ipsarumque attento tenore, supplicationi dictorum judeorum nominibus suis et aliorum judeorum dictam gardam solventium intercedentium inclinati, dictas libertates et franchesias... confirmamus approbamus et rattificamus; quibus libertatibus et privilegiis volumus quod utatur et gaudeat

Sarona filia dicti Savarini judei quemadmodum alii judei.... gaudent et eandem Saronam aliis judeis associari volumus et jubemus in commodo et utilitate ac onere libertatum predictarum, volentes et concedentes quod dicti judei sine contradictione quacumque gaudeant de ipsis libertatibus et franchesiis per quinque annos ultra terminum in litteris hic annexis contentum numerandos.

Item quod dicti judei mercari possint et debeant nunc et in futurum, durantibus terminis in litteris presentibus et aliis hiis annexis contentis, ad quascumque mercaturas sine metu alicujus pene incurrende.

Item quod dicti judei et eorum quilibet non possint reprehendi de aliquibus rebus inventis vel inveniendis in domibus eorum, nisi dicte res invenirentur in archa vel coffro firmata cum clave quam dominus vel domina illius hospicii portarent.

Predicta autem nos dictus locumtenens, matura prehabita deliberatione, fecimus, confirmamus et approbamus cum debita solempnitate, et de predictis ipsos judeos uti et gaudere volumus ex nunc in antea, durante termino seu terminis superius declaratis, mediantibus tamen quadraginta florenis auri ponderis dalphinalis per dictos judeos, occasione contentorum in litteris presentibus, traditis et solutis, et quos de mandato nostro ex nunc solverunt et tradiderunt dilecto nostro Johanni de Bera, clerico, pro solvendo quibusdam gentibus armorum per nos mandatis eorum stipiendia, causa eundi in partibus Burgundie, causa inimicis regni Francie resistendi, de quibus quadraginta florenis... dictos judeos quittamus, etc.

Datum in Sancto Symphoriano de Auzone, die VII^{a} februarii, anno nativitatis Domini MCCCLX°, sub sigillo locumtenentis officii nostri, in testimonium premissorum.

Per dom. locumten. in consilio quo erant domini Prepositus Ulciensis et A. de Bellosimili, Desiderius de Cassenatico, G. de Montesalione, Rodulphus de Capriliis, Guido Coperii, Joh. de Bosco, expeditum. Franciscus de Fabricis. Ita est per copiam : Joh. Guillioni.

(*Archives de l'Isère*. B. Carton des juifs.)

De judeo baptizato.

Grenoble, 28 septembre 1371.

Jacobus de Vienna, dominus de Lomvico, gubernator Dalphinatus, officialibus, justiciariis, fidelibus et subditis quibus presentes pervenerint, modernis et futuris, salutem. Quoniam sacri Evangelii demonstrante doctrina, Redemptor omnium congaudet immensum, cum ovis perdita ad gregem revertitur dominicum et catholice fidei xristiane, noviter quoque, sicut ad nostram pervenit audientiam, Ludovicus de Pampolonia, pridem infectus Judeice et Mosayce legis errore, sacro batismate procuraverit se lavari et sacro oleo xristiane fidei communiri, ut cum grege Xristi fidelium consumere et perficere valeat dies suos, et per hoc vite eterne premium promereri et bona temporalia que, ut fertur, oppulentissima possidebat, dereliquit, ut vitam possidere valeat sempiternam, attendentes verbum Domini sic dicentis : « Qui vult venire post me abneget semetipsum, tollat crucem suam et sequatur me ». Volentes ideo, sicut convenit, eidem et Xristi fidelibus subvenire, ut vitam inopem valeat evitare et cum elemosynis xristianorum sustentationem corporalem habere, et artem sulorgie, qua doctus esse dicitur, exercere, volumus et vobis ac vestrum cuilibet, quantum in vobis est, precipimus et mandamus quatinus dictum Ludovicum, cum ejus uxore et familia baptizatis cum eodem, per totam terram dalphinalem et Dalphinatui mediate et immediate subjectam, ire, venire, morari, conversari et redire, victum suum procurando, artem et officium hujusmodi exercendo, liberaliter permittatis, nullum eisdem in personis, rebus vel bonis impedimentum seu vim vel violentiam aliquam inferentes, vel inferri quomodolibet permittentes.

Datum Grationopoli die XXVIII[a] mensis septembris, anno Domini millesimo CCC° septuagesimo primo.

(*Arch. de l'Isère*, B. 3233, f° 93, v°).

Compte de Jean de Brebant.

1390

Recepte des deniers deuz au Roy Dalphin nostre sire par les juifs demorans en Dalphiné, lesquels le roi nostre sire, si comme il appert par ses lectres faictes le 29e jour de décembre 1388, veult que chacun juif faisant feu, demorant oudit Dalphiné, paie chacun an un marc d'argent; et pour ce que le Roy nostredit seigneur par ses autres lectres faites ce jour mesmes, avoit mandé que auxdits juifs habitans et demorans oudit Dalphiné, attendu que oncques puis que le Dalphiné vint en la main du Roy nostre sire, ils n'avoient octroyé aucun subside, ne fait aucun don audit seigneur, paiassent la somme de 10,000 fr. pour un an entier, et ou cas que de ce seroient refusans, que ils vuidassent le Dalphiné dedans la Saint-Jehan enssuivant, si comme par lettres dudit seigneur puet apparoir ; et pour ce que l'on doupta que qui leur eust demandé tout à une fois les 10,000 fr. et paier, chacun an, un marc d'argent, qu'ilz ne s'en feussent du tout alez, il fu deliberé par le conseil, pour le plus expédient et pour le plus profitable pour le seigneur, que on ne feist nulle mention de leur demander ledit marc d'argent jusques à ce qu'ilz eussent octroyé et paié ladicte somme de 10,000 fr.; et semblablement li avoit escript Mgr d'Orgemont par ses lettres scellés de son scel, lesquelz 10,000 fr. à très-grant peine ilz octroyèrent à paier, c'est assavoir la moitié à la St-Jehan 1389, et l'autre moitié à la Toussains enssuivant, si comme de ce ou chapitre prouchain ci-dessus plus à plain est fait mention.

Et ladite Toussaint passée et ledit derrenier paiement fait, furent appelez lesdits juifs et leur fut fait commandement que ilz paiassent un marc d'argent dedens Pasques prouchain 1390, ou dedens la Saint-Jehan enssuivant, ou que ilz vuidassent le Dalphiné. Duquel nombre des juifs les chastellains, en quelz chatellenies ils demoroient, tant poures comme riches, certifièrent ledit receveur, lesquelles certifications sont rendues sur ceste partie. C'est assavoir :

Etat des juifs du Dauphiné en 1390.

VIENNE

Jonas Joseph................. Josse Raphaël................ Josse Cohen.................. Heliot, fils de Josse Cohen......	6 fr. 1/4

GRENOBLE

Sanson de Yenne.............. Mosse Aaron............... Maistre Jacob, phisicien	6 fr. 1/4

SAINT-SYMPHORIEN

Josse de Conches............. Jacolet Cohen............... Bellevigne .... Joseph de Vienne............. Bénéon.................... Aquinet Bellebarbe............ Mosse d'Avisan. .... Raphaël, fils Savarin.......... Emery .... Mosse de Nouvet.............	6 fr. 1/4

CRÉMIEU

Croissant ....(Le nom est effacé) ... Josson de Chinon .... Benoît de Coulougne.......... Simonin de Saint-Geniz........	6 fr. 1/4

CHABEUIL

Daviot de Chambéry...........	6 fr. 1/4

LE BUIS

Bon juif Isaac................	6 fr. 1/4

Total : 150 fr.

A Nosseigneurs les Refformateurs sur le fait des pors, péages, passages, laides et foires estans ou pais du Dalphiné, tant par eaue comme par terre.

Supplient humblement les pauvres créatures de la loy judéyque, estans et habitans ou païs du Dalphiné, comme en plusieurs péages, pors et passages dudit païs, tant en ceux de Monseigneur le Dalphin comme en ceulx des seigneurs et barons dudit pais, plusieurs fermiers et abcenseurs desdits péages, pors et passages leur facent paier de jour en jour extorsionneusement, senz de ce avoir tiltre valable, lesdiz pors, péages et passages avecque gabelles, tant à cheval come a pié, et, qui plus est, les font composer chacun an à certaine somme d'argent, ja soit ce que chacun an ilz paient pour chacun feu un marc d'argent à Monseigneur le Dalphin, laquelle chose ilz ne pourroient bonnement supporter, se sur ce ne leur estoit pourveu de remède convenable, et conviendroit que pour ce ilz fussent fuitifs et abcens dudit pais, qui seroit ou grand préjudice et dommage de Monseigneur le Dalphin et déshéritement d'eulx. Pour quoy, ces choses considérées et qui vous bailleront par escript, ceux qui de jour en jour les extorquent, laquelle chose à leur advis ilz ne peuent, ne ne doivent faire, il vous plaise, de votre bénigne grace, mander par devant vous et leur faire commendement de apporter leurs tiltres, privilleiges, instructions et la manière come ilz lièvent et doivent lever lesditz péages, pors, passages et gabelle sur lesdiz supplians et sur ce faire bon et brief accomplissement de justice ; et vous ferez bien et aumosne, et lesdiz supplianz en demourront vos subgiez à tousjours mais perpétuellement.

Commissarii reformatores per dom. nostrum Francorum Regem Dalphinum Viennensem, vicarium imperialem, ordinati super reparationibus excessuum, extorsionum et abusuum per habentes pedagia, portus, passagia, ferias, leidas et gabellas, tam per terram quam per aquam et eorum receptores commissorum, dilectis nostris castellanis Septimi, Eyriaci, de Chaponay, Falaverii, Sancti-Albani,

Burgondii, Turris-Pini, Castri-Villani, Esclose, Auguste, Pontis-Bellivicini, Sancti-Symphoriani-Auczonis, et ceteris aliis officiariis, servientibus dalphinalibus, qui super hoc fuerint requisiti, salutem.

Visa requesta judeorum, nobis pro eorum parte tradita et presentibus annexa, ejusque tenore diligenter inspecto, vobis ideo et vestrum cuilibet in solidum, instantibus procuratore Regis et domini nostri Dalphini, vicarii imperialis et parte dictorum judeorum, presentium tenore commictendo mandamus quatinus citetis ex parte domini nostri Dalphini, vicarii imperialis, et nostra, omnes pedagiatores, pedagiorum penes districtus et juridictiones cujuslibet vestrum existentium accensatores in rotulo presentibus litteris annexo nominatos et alios vobis nominandos, qui ipsi a tribus annis citra ad firmam habuerunt et tenuerunt, et de quorum nominibus nos a tergo presentium certifficare curetis personaliter et sub pena, pro quolibet ipsorum, decem marcharum argenti per quemlibet commictenda et fisci erario applicanda, apud Viennam, die sexta post exequtionem presentium, comparituros, dicte requeste et supplicationi responsuros, privilegia, titulos, intentus et instructiones suas, quod ipsa levant, apportaturos et nobis exhibituros dictoque procuratori et etiam dictis judeis super abusibus, excessibus, extorsionibus per quemlibet ipsorum commissis in levando emolumenta ipsorum responsuros, et cum dicto procuratore et supplicantibus processuros, et per nos procedere visuros, prout fuerit rationis, cum communicatione que alias ad declarationem dictarum penarum et contra eorum quemlibet procedemus, prout fuerit rationis, et ipsis supplicantibus providebimus, justitia mediante.

Datum Vienne die XVe mensis augusti anno Domini M^o^ CCCC^o^ nono.

Reddite litteras exequtas.

(*Arch. de l'Isère*, Série B. Carton des juifs).

EXTRAIT DES STATUTS SYNODAUX D'AYMON DE CHISSÉ

DE JUDEIS.

Capitulum unicum. — Quod judei signa sua portent et qualiter inter xristianos conversari debeant et ad conversandum.

Precipimus etiam et jubemus ut judei, in diocesi nostra commorantes, omni tempore et continue in medio pectoris evidenter et manifeste rotam rotundam diversorum colorum, mulieres vero eorum in capite signum portent, ut per talia signa a xristianis dicernantur.

Preterea, quia illius dissimulare non debemus qui probra nostra delevit, prohibemus et districte dictis judeis utriusque sexus, ne in diebus lamentationum et dominice passionis in publicum prodeant, hostia vel fenestras apertas non habeant, sed clausas teneant, eo quia nonnulli ex eis talibus diebus ornatius non erubescunt incedere ac xristianis, qui sacratissime Passionis memoriam exhibentes lamentationis signa pretendunt, illudere non formidant.

Prohibemus etiam ne nutrices xristianas ant servitores xristianos secum habeant et teneant, ne filii libere filiis famulentur ancille, sed tanquam servi a domino reprobati, in cujus mortem nequiter conjurarunt, saltem pro effectu operis recognoscant se servos illorum quos Xristi mors liberos et illos servos effecit.

Et pari modo prohibemus obstetricibus et nutricibus xristianis ne in domibus suis aut alibi extra, infantes judeorum nutrire presumant, quoniam judeorum mores et nostri in nullo conveniunt, et ipsi de facili, ob continuam conversationem et assiduam familiaritatem, ad suam superstitionem et perfidiam simplicium animos inclinare possent, interdicentes ne ipsi judei, diebus dominicis et festivis, presumant publice operari, et ne carnes publice in quadragesima ant aliis diebus, quibus ab esu carnium abstinetur et abstinere debent xristiani, vendant.

Et si judei, contra premissa, seu aliquid premissorum venire presumpserint, xristianorum participatione seu communione, usque ad satisfactionem condignam in commerciis et omnibus aliis privabuntur; xristianos vero censura et districtione ecclesiastica cohercebimus.

Ad hoc etiam prohibemus ut nullus invictos vel nolentes judeos ad baptismum venire compellat, quia fidem Xristi habere non creditur qui ad xristianorum baptismum non spontaneus sed invictus cogitur pervenire.

Si quis autem eorum, Deo inspirante, ad xristianos, causa fidei suscipiende confugerit, postquam voluntas ejus fuerit patefacta, xristianus absque calumpnia efficiatur, nec possessionibus aut bonis suis quibuscumque excludatur seu privetur, cum melioris conditionis ad fidem conversum esse opporteat quam antequam fidem susciperet.

Archives de l'Isère. — Série G. — *Evêché de Grenoble.* — Statuta synodalia Gracionopolitana. — F° 89.

Copia litterarum dalphinalium quibus extranei venientes ab extra Dalph. moraturi in villa Crimiaci sunt franchi per XX annos et judei pro una oncia argenti.

Crémieu, 21 novembre 1449.

Loys, ainsné filz du roy de France, daulphin de Viennois, conte de Valentinoys et de Dyois, à tous ceulx qui ces présentes lectres verront, salut. Comme nostre ville de Crémieu assise en nostre dit Daulphiné et spondières d'icellui, qui est belle ville et bien spacieuse et, ainsi que sommes deuement informés, souloit estre bien peuplée et fournie de gens de toutes façons, ait esté depuis aucun temps en ça, et soit de présent très fort dépeuplée et despourveue, pour ce aussi que grant quantité de juifs et juifves qui y souloient demourer, sur lesquelz nous prenions tous les ans demy-marc d'argent de pension pour chacun feu, et pour raison desquelx grant émolument venoit à nous et à nostre dicte ville, tant à cause de nos péages et autres devoirs et marchandises qu'ilz faisoient, que autrement, s'en sont allés demourer dehors de notre dit pays, et soubz autre seigneurie ou ilz ne font pas si grandes pensions et sont traictiez plus gracieusement ; laquelle dépopulation est ou très-grand préjudice et dommaige de nous et de nosditz devoirs et désolation de nostre dicte ville, et plus seroit, se par nous n'y estoit donnée provision convenable ; savoir faisons que nous voulans ad ce pourveoir et repeupler nostre dicte ville de Crémieu, par l'advis et délibération de nostre Conseil, avons voulu, ordonné et octroyé, voulons, ordonnons et octroyons de nostre certaine science, auctorité dalphinal, et grâce espécial par ces présentes, que toutes manières de gens qui viendront demourer et habiter en nostre ville de Crémieu, des païs estans hors de nostre dict Daulphiné, soyent francs, quictes et exemps de toutes tailles, dons et subsides, qui nous seront fais et octroyés par les gens des Trois Estas de nostre dit Daulphiné, pour vingt ans prouchainement venans, et lesquels, pour les causes dessus dictes et autres à ce nous mouvans, durant ledit temps, nous en affranchissons......... Et en oultre voulons, ordonnons et octroyons que tous les juifs et juifvez qui demourent et viendront demourer en nostre dicte ville de Crémieu doresnavant, y soient receuz, en payant à nous ou à nostre trésorier dudit Daulphiné, qui est à présent et sera pour le temps advenir, tous les ans, une once d'argent fin de pension pour chacun feu, ensemble les autres péaiges et devoirs accoustumés ; à laquelle once d'argent nous leur avons réduit et amodéré leur dicte pension, qui souloit estre demy-marc d'argent, comme dit est, réduisons et amodérons de nostre dicte grace et en avons deschargé et deschargons nostre dit trésorier et tous autres à qui il appartient. Si donnons en mandement par ces mesmes présentes à nos amez et féaulx, les gouverneur ou son lieutenant, gens de noz Conseil et Comptes et trésorier général de nostre dit Daulphiné et à tous nos aultres officiers, justiciers et subgetz et à chacun d'eulx, si comme à lui appartiendra, que de nostre présente ordonnance, don et octroy et autres choses dessus dictes, ilz facent, seuffrent et laissent joïr et user tant lesditz estrangiers venans demourer en nostre dicte ville de Cremieu, comme lesdiz juifs et juifves sans leur faire ou donner, ne souffrir estre fait ou donné aucun empeschement, au contraire, et aussi facent publier et notiffier par tous les lieux et en la manière qu'il appartiendra ces présentes, ausquelles, en tesmoing de ce, nous avons faict mectre nostre seel.

Donné en nostre dicte ville de Cremieu, le 21e jour de novembre, l'an de grace mil quatre cens quarante et neuf. Par Monseigneur le Dauphin, le gouverneur du Daulphiné, le Bastart d'Armagnac, Gabriel de Bernes et autres presens. — Bototi.

Arch. de l'Isère. (B. 2966. — F° 595).

Previlegia judeorum Montilii

Valence, 6 mars 1452.

Loys, aisné fils du roy de France, daulphin de Viennoys, conte de Valentinoys et de Dieys, à tous ceux qui ces présentes lectres verront, salut.

Savoir faisons nous avoir receue humble supplication de Mosse d'Avisan et Azariel de Basle, habitans de nostre ville de Valence, pour eulx et tous aultres juifz et juifves demourans et qui demoureront, en temps advenir, en nosditz Daulphinez et contez, et leurs successeurs, contenant que ja soit ce qu'ilz aient plusieurs beaulx previlèges à eulx par noz prédécesseurs daulphins donnez et octroyez, et par nous à eulx conferméz, pour demourer en nosditz pays, vivre, marchander et pratiquer en certaines formes et manières, ce non obstant, plusieurs de noz juges et officiers en leurs dits previlèges, leurs donnent plusieurs troubles et empeschemens, en les voulant aultrement interpréter que noz prédécesseurs et nous ne leur avons donné et octroyé, et aussi que plusieurs de nos subgetz, leurs debteurs, sous umbre de certains respitz de cinq ans et aultres impétréz de nous ou de notre Chancellerie leur donnent plusieurs troubles et délaiz en leurs dites debtes et leur font plusieurs fraudes et baraz, pour quoy ne peuent recourer ce qu'il leur est deu, qui est leur totale destruction.

Pour quoy nous ont humblement fait supplier et requérir que sur ce vueillons pourvoir de remède convenable, et avecques ce de plus espécial grace leur donner et octroyer les privilèges qui s'en suivent :

Et premièrement, pour considération des choses dessus dites et aultres qui à ce nous ont meu et meuvent, leur avons donné et octroyé, donnons et octroyons de grace espécial par ces présentes que tous nos justiciers, officiers et subgez de nosditz pays et contez leur gardent et observent de point en point tous leurs previlèges par noz prédécesseurs et nous à eulx donnez et octroyez, selon leur forme et teneur et sans les enfraindre en aucune manière.

Item, pour obvier aux grans fraudes et baraz que leurs debteurs leur font, de jour en jour, sous umbre desditz respitz à cinq ans et aultres délaiz, voulons et leur octroyons que doresenavant quelzconques respitz à cinq ans ou aultres delaiz contre eulx impetrez ou à impétrer de nous ou nostre Chancellerie par leurs debteurs présents ou avenir, ne leur puissent donner aucun empeschement ou délay en leurs dictes debtes, et que, à ceste cause, leur paiement n'en soit aucunement retardé, ja soit ce que la plus grant partie des créanciers si accordast.

Item leur octroyons et voulons que ilz puyssent faire contraindre et faire payer tous les débteurs, qu'ils ont à présent et auront ou temps avenir, tant pour l'argent qu'ilz leur auront presté, que des montes qu'il aura monté, de tout le temps passé et avenir, pour chacune sepmaine selon le rata et portion que par nous en leursditz previlèges leur a esté donné et octroyé, et que leursditz débteurs soient contrains à leur paier lesdites montes, du temps qu'il apparra, par telle et semblable rigueur que le fait principal, et qu'on ne les contraigne à rendre leurs instruments obligatoires, jusques à ce qu'ilz soient paiez desdites montes.

Item leur donnons et octroyons, pour les grans charges et censes qu'il leur a convenu et convient paier de jour en jour, tant à notre amé et féal conseiller, l'Evesque de Valence, que autrement, en plusieurs manières, que certaine cense nouvellement par nous sur eulx imposée de quatre gros pour chacune teste d'iceulx juifz et juifves, leur soit rabatue et recindée à deux gros de monnoie courrant pour chacune teste desditz juifs et juifves, pour chacun an, tant pour temps passé, que avenir, et qu'ilz n'en puissent estre contrains que pour lesditz deux gros, comme dit est.

Item pour ce que, par avanture aucuns desditz juifz ou juifves ont, au temps passé, commis et perpetré aucuns crimes, délits ou maleffices, pour lesquels ils pourroient estre prins, arrestez ou empeschez en corps ou en biens, ou temps avenir, nous leur avons quicté, remis et pardonné et, par ces présentes, quictons, remettons et pardonnons tous crimes, déliz, offenses et meffaiz que eulx ou aucuns d'eulx pourroient avoir faitz, commis ou perpétrés, ou temps passé, jusques aujourd'uy, et dont procès seroit fait ou à faire, en nosdits pays ou aillieurs, avecques toute peine et amende corporelle, criminelle et civile, que pour ce auroient encourue envers nous et justice, satisfaction faite à partie, s'aucune en y a civilement et tant seulement se faicte n'est ; et imposons, sur ce, silence à notre procureur et à tous nos autres justiciers et officiers, en leur deffendant que pour iceulx crimes, ou aucuns d'iceulx, ils ne poursuivent, molestent, travaillent ou empeschent iceulx juifs et juifves ou aucuns d'eulx, en corps ne en biens, mais se aucune chose estoit faicte au contraire, la réparent et remectent ou facent réparer et remectre incontinant au premier estat et deu.

Item octroyons ausditz suppliants que doresenavant ilz ne payent, pour les seaulx de nostre Chancellerie, ou autres seaulx de nos cours, des lectres qu'ilz impétreront doresenavant, sinon tant seulement le taux et ordonnance que en paient les xrestiens, sauf et reservé que des lectres qu'ilz impétreront pour leur propre fait singulier ilz paieront ce qu'ilz ont accoustumé.

Item voulons et octroyons que tous autres juifs estrangiers, demourans hors nosditz pays, puissent aler et venir demourer, subjourner, marchander et autres leurs besoignes et affaires exercer seurement et sauvement par tous les lieux, villes et chateaux de nosditz pays, pourveu qu'ilz paient les péages et gabelles accoustumées.

Item voulons que au vidimus ou coppie de ces présens previlèges et libertez faitz et passez par deux notaires et seellé de séel autentique, foy et créance soit adjustée comme à ce présent original.

Item que de tous et chescuns les previlèges dessusditz lesditz supplians, joyront et useront plainement et paisiblement, durant le temps et terme de quatre ans, oultre et par dessus le temps que ja pieça leur avons donné en leursditz premiers previlèges.

Pour ce est-il que nous, considerans que sans lesditz previlèges et libertés dessus escriptes, lesditz juifs et juifves, ne pourroient vivre, habiter ne demourer en nosditz pays, seigneuries, sans estre souvent molestez, empêchez et travaillez, par malice d'aucuns qui les vouldroient frauder, decepvoir et mal tracter, pour ces causes et autres à ce nous mouvans, de notre science et propre mouvement, auctorité et puissance dalphinal, dont nous usons, avons à iceulx juifs et juives supplians donné et octroyé, donnons et octroyons, de grace espécial, par ces présentes, les previlèges, libertez et franchises dessusdites.

Si donnons en mandement, par ces présentes, à nos amez et féaulx les gouverneur de notre Daulphiné ou son lieutenant, gens du Conseil et de nos comptes, au séneschal de Valentinoys et bailly des haulx et bas pays de nostre dit Dauphiné, et à tous nos autres justiciers et officiers, ou à leurs lieuxtenans, présens et à venir, et à chacun d'eulx, si comme à lui appartient, que de noz présens don, grace et octroy, facent, seuffrent et layssent lesditz juifz supplians et chescun d'eulx joyr et user plainement et paisiblement, ledit temps durant, sans leur donner empeschement ou destourbier, en aucune manière, au contraire, ainçois se fait, mis ou donné leur estoit, le facent réparer et remectre au premier estat et deu ; et ce, sur peine de cinquante mars d'argent, pour chacune foiz que aucun ou aucuns de nosditz justiciers, officiers ou subgez seront trouvez deffaillans ou faisans le contraire de leur garder et observer les choses dessusdictes, car ainsi nous plaist-il estre fait.

Et affin que ce soit chose ferme et estable à tousjours, ledit temps durant, nous avons fait mectre notre seel à ces présentes.

Donné à Valence, le VIe jour de mars, l'an de grace mil quatre cent cinquante et deux, soubz notre petit séel ordonné, en l'absence du grant. Par Monseigneur le Dauphin, l'évesque de Valence, le sire de Crussolz, le général et autres présens. — Astors.

(*Archives de l'Isère*, B. 2983, f°s 468-473).

www.ingramcontent.com/pod-product-compliance
Ingram Content Group UK Ltd.
Pitfield, Milton Keynes, MK11 3LW, UK
UKHW012239240726
13966UKWH00003B/1155